Hávmál
Runes, Norse and English
Sæmundur Sigfússon

Hávamál
Copyright © JiaHu Books 2014
First Published in Great Britain in 2014 by JiaHu Books – part of
Richardson-Prachai Solutions Ltd, 34 Egerton Gate, Milton Keynes,
MK5 7HH
ISBN: 978-1-78435-108-3
Visit us at: jiahubooks.co.uk

The texts for this book are based on texts in the public domain. The Norse text was taken from heimskringla.no and the runic text was constructed from this. The English translation is that of Olive Bray from 1908. This does mean that the English is rather old-fashioned in places but it does mirror the original quite closely.

A quick guide to the pronunciation of any unfamiliar letters:

Á	is like "ou" in "house", "about" and "shout"
Ð	is like "th" in "feather", "father" and "that", but as the last letter of a word it represents Þ/þ.
G	like "g" in "good" at the beginning of a word, "k" in "wick" between a vowel and -l, -n; /ɣ/ after vowels, before a, u, ð, r, and when it's the last character of a word; like "ch" in Scottish "loch" after vowels and before t, s; like "y" in "young" between vowel and -i, -j; dropped between a, á, ó, u, ú
Í	like an English "ee" and the "i" in "Maria" and the "y" in "diary"
J	is like "y" in "yes", "Yahweh", "Yoda" and "yikes"
Ó	is like "o" in "sole" and like "oa" in "goat" and "soap"
R	non-existent in English except Scottish English, virtually identical to a Spanish rolled R, from the very front of the mouth
U	virtually identical to a French "u" (as in "cul"), or a German "ü" (as in "über")
Ú	like English "oo" as in "zoo"
Þ	like "th" in "thunder", "theatre" and "thong"
Æ	is like the name of the letter "i" in English or in "icy" (hi/hæ & bye/bæ are the same in English and Icelandic)
Ö	like German "ö" and English "u" in "urgent" or "fur"

Hávmál

Runes, Norse and English

1.

ᚠᛅᛏᛏᛁᚱ ᛅᛚᛚᛅᚱ,
ᛅᚦᚱ ᚠᛅᛜᚷᛁ ᚠᚱᛅᛘ,
ᚢᛘ ᛋᚴᚢᚦᛅᛋᚴ ᛋᚴᛁᛚᛁ,
ᚢᛘ ᛋᚴᛁᚷᚷᚾᛅᛋᛏ ᛋᚴᛁᛚᛁ,
ᚦᚢᛁ ᛏᛁ ᛅᚢᛁᛋᛏ ᛁᚱ ᛏᛁ ᚠᛁᛏᛅ,
ᚺᚠᛅᚱ ᛅᚢᛁᚺᛁᚱ
ᛋᛁᛏᛋᛅ ᛁ ᚠᛚᛏᛁ ᚠᚤᚱᛁᚱ.

2.

ᚠᛁᚠᛁᛏᛅᚱ ᚺᛁᛚᛁᚱ!
ᚠᛁᛋᛏᚱ ᛁᚱ ᛁᚺ ᚠᛅᛘᛁᚺ,
ᚺᚠᛅᚱ ᛋᚴᛅᛚ ᛋᛁᛏᛋᛅ ᛋᛅ?
ᛘᛋᚦᚠ ᛁᚱ ᛒᚱᛅᛏᚱ,
ᛋᛅ ᛁᚱ ᛅ ᛒᚱᛂᚾᛏᚢᛘ ᛋᚴᛅᛚ
ᛋᛁᛜᛋ ᛅᚠ ᚠᚱᛅᛁᛋᛏᛁ ᚠᚱᛅᛘᛅ.

3.

ᛁᛚᛏᛋ ᛁᚱ ᚦᛌᚱᚠ,
ᚦᚺᛁᛘᛋ ᛁᚺ ᛁᚱ ᚠᛅᛘᛁᚺ
ᛅᚠ ᛂ ᛘᚺ ᛘᛅᛚᛁᚺ;
ᛘᛅᛏᛅᚱ ᛅᚠ ᚠᛂᚺ
ᛁᚱ ᛘᛅᚺᛁ ᚦᛌᚱᚠ,
ᚦᚺᛁᛘ ᛁᚱ ᚺᛁᚠᛁᚱ ᚢᛘ ᚠᛌᛚᛚ ᚠᛅᚱᛁᛏ.

1.

Gáttir allar,
áðr gangi fram,
um skoðask skyli,
um skyggnast skyli,
því at óvíst er at vita,
hvar óvinir
sitja á fleti fyrir.

At every door-way,
ere one enters,
one should spy round,
one should pry round
for uncertain is the witting
that there be no foeman sitting,
within, before one on the floor

2.

Gefendr heilir!
Gestr er inn kominn,
hvar skal sitja sjá?
Mjök er bráðr,
sá er á bröndum skal
síns of freista frama.

Hail, ye Givers!
a guest is come;
where shall he sit within?
Much pressed is
he who fain on the hearth
would seek for warmth and weal.

3.

Elds er þörf,
þeims inn er kominn
ok á kné kalinn;

matar ok váða
er manni þörf,
þeim er hefr um fjall farit.

He hath need of fire,
who now is come,
numbed with cold to the
knee;
food and clothing
the wanderer craves
who has fared o'er the rimy
fell.

4.

ᚹᚽᛁᛁᛋ ᛁᚱ ᚦᚽᚱᚹ,
ᚦᚼᛁᛘ ᛁᚱ ᛏᛁᛁᛚ ᚹᚽᚱᚼᚱ ᚹᛁᚤᚱ,
ᚦᛁᚱᚱᚢ ᛁᚹ ᚦᛌᚽᛁᛁᛘᛁᚼᚱ,
ᚹᚽᛁᛋ ᛁᚹ ᛏᚽᛁᛋ,
ᛁᚹ ᛌᛁᚱ ᚹᚽᛁ ᚤᛁᛁᛁᛁ,
ᛁᚱᛁᛋ ᛁᚹ ᚼᛁᚱᚦᚽᚹᚢ.

5.

ᚹᚽᛁᛋ ᛁᚱ ᚦᚽᚱᚹ,
ᚦᚼᛁᛘ ᛁᚱ ᚹᛁᚽ ᚱᛁᛏᚼᚱ;
ᛏᚼᛘ ᛁᚱ ᚼᛁᚤᚽ ᚼᚹᚽᛁ;
ᛁᛏ ᛁᚢᚹᚽᛒᚱᛁᚹᚽᛁ ᚹᚽᚱᚼᚱ,
ᛋᚽ ᛁᚱ ᛁᚤᚤᛁ ᚹᚽᛁᛁ
ᛁᚹ ᚤᛁᚽ ᛋᚽᚽᛏᚱᚢᚤ ᛋᛁᛏᚱ.

6.

ᛁᛏ ᚼᚽᚹᚹᛌᚽᛁᚽᛁ ᛋᛁᛁᛁ
ᛋᚹᚽᛚᛁ-ᛁ ᚤᚽᛁᚱ ᚼᚱᛁᛋᛁᛁᛁ ᚹᚽᚱᚽ,
ᚼᛁᛘᚱ ᚹᚼᛁᛁᛁ ᛁᛏ ᚹᚽᚽᛁ;
ᚦᛁ ᛁᚱ ᚼᚽᚱᛋᚹᚱ ᛁᚹ ᚦᚽᚹᚢᛁᛁ
ᚹᛁᚤᚱ ᚼᛁᚤᛁᛋᚹᚽᚱᚼ ᛏᛁᛁ,
ᛋᛌᛁᛘᛁᛁ ᚹᚽᚱᚽᚱ ᚹᚽᛏᛁ ᚹᚽᚱᚢᚤ,
ᚦᚹᛁ ᛁᛏ ᛁᛒᚱᛁᚹᛁᚱᛁ ᚹᚽᛁ
ᚹᚽᚱ ᚤᚽᛁᚱ ᛁᛘᚱᛁᚹᛁ
ᛁᛁ ᚤᛁᛁᚹᚽᛏ ᚤᛁᚹᛁᛁ.

4.

Vatns er þörf,
þeim er til verðar kemr,
þerru ok þjóðlaðar,
góðs of æðis,
ef sér geta mætti,
orðs ok endrþögu.

He craves for water,
who comes for refreshment,
drying and friendly bidding,
marks of good will, fair fame
if 'tis won,
and welcome once and again.

5.

Vits er þörf,
þeim er víða ratar;
dælt er heima hvat;

at augabragði verðr,
sá er ekki kann
ok með snotrum sitr.

He hath need of his wits
who wanders wide,
aught simple will serve at
home;
but a gazing-stock is the fool
who sits mid the wise,
and nothing knows.

6.

At hyggjandi sinni
skyli-t maðr hræsinn vera,
heldr gætinn at geði;

þá er horskr ok þögull
kemr heimisgarða til,
sjaldan verðr víti vörum,

því at óbrigðra vin
fær maðr aldregi
en mannvit mikit.

Let no man glory
in the greatness of his mind,
but rather keep watch o'er his
wits.
Cautious and silent
let him enter a dwelling;
to the heedful comes seldom
harm,
for none can find
a more faithful friend
than the wealth of mother wit.

11

7.

ᛁᚾ ᚹᛅᚱᛁ ᚹᛏᛋᛁᚱ,
ᛁᚱ ᛏᛁᛚ ᚹᛅᚱᚼᚱ ᚹᛁᚤᚱ,
ᚦᚢᚾᚾᚢ ᚼᚱᛟᛋᛏᛁ ᚦᛁᚹᛁᚱ,
ᛏᛅᚱᚢᛦ ᚼᚱᛅᛅᛁᚱ,
ᛁᛁ ᛏᚾᛒᚾᛦ ᛋᛁᚹᛅᛁᚼᚱ;
ᛋᛒᛁ ᚾᛅᛋᛁᛋᛒ ᚹᚱᛅᛏᚱᛅ ᚼᚹᛅᚱᚱ ᚹᛅᚱᛁᚱ.

8.

ᚼᛁᚾᚾ ᛁᚱ ᛋᛏᛁᛚ,
ᛁᚱ ᛋᛁᚱ ᛏᛒ ᚹᛏᛁᚱ
ᛚᛒ ᛏᛒ ᛏᛁᚹᛏᛋᛁᚼᛒᛁ;
ᛏᚾᚾᛁᛋ ᛁᚱ ᚹᛁᛏ ᚦᛁᛏ,
ᛁᚱ ᛘᛏᛁᚱ ᛁᛁᛒᛁ ᛋᛒᛏᛚ
ᛏᚾᚾᚱᛋ ᛒᚱᛟᛋᛋᛏᚾᛦ ᛁ.

9.

ᛋᛁ ᛁᚱ ᛋᛏᛁᛚ,
ᛁᚱ ᛋᛟᛋᛚᛒᚱ ᛏᛒ ᛏ
ᛚᛒ ᛏᛒ ᚹᛁᛏ, ᛘᛁᚼᛁ ᛏᛁᚹᛁᚱ;
ᚦᛒᛁ ᛏᛏ ᛁᛚᛚ ᚱᛁᛏ
ᚼᛁᚹᚱ ᛘᛁᛏᛁᚱ ᛏᛒᛁ ᚦᛁᚹᛁᛏ
ᛏᚾᚾᚱᛋ ᛒᚱᛟᛋᛋᛏᚾᛦ ᛁᚱ.

Inn vari gestr,
er til verðar kemr,
þunnu hljóði þegir,

eyrum hlýðir,
en augum skoðar;
svá nýsisk fróðra hverr
fyrir.

Let the wary stranger who
seeks refreshment
keep silent with sharpened
hearing;
with his ears let him listen,
and look with his eyes;
thus each wise man spies out
the way.

8.

Hinn er sæll,
er sér of getr
lof ok líknstafi;
ódælla er við þat,
er maðr eiga skal
annars brjóstum í.

Happy is he
who wins for himself
fair fame and kindly words;
but uneasy is that which a
man doth own
while it lies in another's
breast.

9.

Sá er sæll,
er sjalfr of á
lof ok vit, meðan lifir;
því at ill ráð
hefr maðr oft þegit
annars brjóstum ór.

Happy is he
who hath in himself
praise and wisdom in life;
for oft doth
a man ill counsel get
when 'tis born in another's
breast.

10.

ᛒᚪᚱᚻᛁ ᛒᚻᛏᚱᛁ
ᛒᛁᚱᚱ-ᚻᛏ ᚤᚻᛏᚱ ᛒᚱᛁᛗᛏᚾ ᛏᛏ
ᚻ ᛌᛏ ᚤᛏᚻᚻᛈᚻᛏ ᚤᛁᛈᚻᛏ;
ᛏᚾᛏᛁ ᛒᚻᛏᚱᛁ
ᛈᚪᛈᛈᛁᚱ ᛈᚻᛏ ᛁ ᛏᛈᚾᚻᚻᚾᚤ ᛌᚻᛏᚦ;
ᛌᛏᛁᛈᛏ ᛏᚱ ᛈᛌᛁᚱᛏᛌ ᛈᚻᚱᛏ.

11.

ᛒᚪᚱᚻᛁ ᛒᚻᛏᚱᛁ
ᛒᛁᚱᚱ-ᚻᛏ ᚤᚻᛏᚱ ᛒᚱᛁᛗᛏᚾ ᛏᛏ
ᚻ ᛌᛏ ᚤᛏᚻᚻᛈᚻᛏ ᚤᛁᛈᚻᛏ;
ᛈᚪᛈᚻᛌᛏ ᛈᚻᚱᚱᛏ
ᛈᚪᛈᚱ-ᛁ ᛭ᚻᚻ ᛈᚻᛏᛏ ᛏᛏ
ᚻ ᛌᛏ ᛏᛈᚪᚱᚪᛈᛈᛌᛏ ᚦᛏᛌ.

12.

ᛏᚱ-ᛁ ᛌᛈᚤ ᛈᚻᛏᛏ
ᛌᛏᚤ ᛈᚻᛏᛏ ᛈᛈᚻᛏ
᚛ᛏ ᛏᚾᚻ ᛌᚻᚻ,
ᛈᛈᚤ ᛏᛏ ᛈᚻᚱᛏ ᛈᚻᛏᛏ,
ᛏᚱ ᛈᚾᛁᚱᛏ ᛏᚱᛁᛈᛈᚱ
ᛌᛁᚻᛌ ᛏᛁᚱ ᛈᚻᚻᛌ ᛈᚾᚤᛁ.

10.

Byrði betri
berr-at maðr brautu at
en sé mannvit mikit;

auði betra
þykkir þat í ókunnum
stað;
slíkt er válaðs vera.

A better burden
can no man bear
on the way than his mother
wit;
'tis the refuge of the poor,
and richer it seems than

wealth in a world untried.

11.

Byrði betri
berr-at maðr brautu at
en sé mannvit mikit;

vegnest verra
vegr-a hann velli at
en sé ofdrykkja öls.

A better burden
can no man bear
on the way than his mother
wit:
and no worse provision
can he carry with him
than too deep a draught of
ale.

12.

Er-a svá gótt
sem gótt kveða
öl alda sona,
því at færa veit,
er fleira drekkr
síns til geðs gumi.

Less good than they say for
the sons of men
is the drinking oft of ale:
for the more they drink,
the less can they think
and keep a watch o'er their
wits.

13.

(runic text, 6 lines)

14.

(runic text, 6 lines)

15.

(runic text, 6 lines)

13.

Óminnishegri heitir
sá er yfir öldrum þrumir,
hann stelr geði guma;
þess fugls fjöðrum
ek fjötraðr vark
í garði Gunnlaðar.

A bird of Unmindfulness
flutters o'er ale feasts,
wiling away men's wits:
with the feathers of that
fowl I was fettered once
in the garths of Gunnlos
below.

14.

Ölr ek varð,
varð ofrölvi
at ins fróða Fjalars;
því er ölðr bazt,
at aftr of heimtir
hverr sitt geð gumi.

Drunk was I then,
I was over drunk
in that crafty Jötun's court.
But best is an ale feast when
man is able
to call back his wits at once.

15.

Þagalt ok hugalt
skyli þjóðans barn
ok vígdjarft vera;
glaðr ok reifr
skyli gumna hverr,
unz sinn bíðr bana.

Silent and thoughtful and
bold in strife the prince's
bairn should be.
Joyous and generous
let each man show him
until he shall suffer death.

16.

ᚮᛋᚿᛁᛅᛚᛚᚱ ᛘᛅᚦᚱ
ᚼᛦᚵᚵᛋᚴ ᛘᚢᚿᚢ ᛂᛦ ᛚᛁᚠᛅ,
ᛂᚠ ᚼᛅᚿᚿ ᚡᛁᚦ ᚡᛁᚵ ᚡᛅᚱᛅᛋᚴ;
ᛂᚿ ᛂᛚᛚᛁ ᚵᛂᚠᚱ
ᚼᛅᚿᚢᛘ ᛂᚿᚵᛁ ᚠᚱᛁᚦ,
ᚦᚮᛏᛏ ᚼᛅᚿᚢᛘ ᚵᛂᛁᚱᛅᚱ ᚵᛂᚠᛁ.

17.

ᚴᚮᛒᛁᚱ ᛅᚠᚵᛚᛅᛒᛁ
ᛂᚱ ᛏᛁᛚ ᚴᛦᚿᚿᛁᛋ ᚴᛂᛘᚱ,
ᚦᛦᛚᛋᚴ ᚼᛅᚿᚿ ᚢᛘ ᛂᚦᛅ ᚦᚱᚢᛘᛁᚱ;
ᛅᛚᛚᛏ ᛂᚱ ᛋᛂᚿᚿ,
ᛂᚠ ᚼᛅᚿᚿ ᛋᛦᛚᚵ ᚮᚠ ᚵᛂᛏᚱ,
ᚢᛒᛒᛁ ᛂᚱ ᚦᛅ ᚵᛂᚦ ᚵᚢᛘᛅ.

18.

ᛋᛅ ᛂᛁᚿᚿ ᚡᛂᛁᛏ
ᛂᚱ ᚡᛁᚦᛅ ᚱᛅᛏᛅᚱ
ᚮᚴ ᚼᛂᚠᚱ ᚠᛁᚯᛚᚦ ᚮᚠ ᚠᛅᚱᛁᛏ,
ᚼᚡᛂᚱᛁᚢ ᚵᛂᚦᛁ
ᛋᛏᛦᚱᛁᚱ ᚵᚢᛘᚿᛅ ᚼᚡᛂᚱᚱ,
ᛋᛅ ᛂᚱ ᚡᛁᛏᛅᚿᛑᛁ ᛂᚱ ᚡᛁᛏᛋ.

16.

Ósnjallr maðr
hyggsk munu ey lifa,
ef hann við víg varask;

en elli gefr
hánum engi frið,
þótt hánum geirar gefi.

A coward believes
he will ever live
if he keep him safe from
strife:
but old age leaves
him not long in peace
though spears may spare his
life.

17.

Kópir afglapi
er til kynnis kemr,
þylsk hann um eða þrumir;
allt er senn,
ef hann sylg of getr,
uppi er þá geð guma.

A fool will gape
when he goes to a friend,
and mumble only, or mope;
but pass him the ale cup and
all in a moment
the mind of that man is
shown.

18.

Sá einn veit
er víða ratar
ok hefr fjölð of farit,

hverju geði
stýrir gumna hverr,
sá er vitandi er vits.

He knows alone
who has wandered wide,
and far has fared on the
way,
what manner of mind
a man doth own
who is wise of head and
heart.

19.

ᚼᛆᛚᛑᛁ-ᛏ ᛘᛆᛑᚱ ᛆ ᚴᛂᚱᛁ,
ᛑᚱᛂᚴᚴᛁ ᚦᚮ ᛆᛏ ᚼᚮᚡᛁ ᛘᛃᚯᛑ,
ᛘᛅᛚᛁ ᚦᛆᚱᚡᛏ ᛂᚧᛆ ᚦᛂᚵᛁ,
ᚮᚴᚤᚿᚿᛁᛋ ᚦᛂᛋᛋ
ᚡᛆᚱ ᚦᛁᚴ ᛂᚿᚵᛁ ᛘᛆᛑᚱ,
ᛆᛏ ᚦᚢ ᚵᛆᚿᚵᛁᚱ ᛋᚿᛂᛘᛘᛆ ᛆᛏ ᛋᚮᚡᛆ.

20.

ᚵᚱᛆᛑᚢᚵᚱ ᚼᛆᛚᚱ,
ᚿᛂᛘᛆ ᚵᛂᛑᛋ ᚡᛁᛏᛁ,
ᛂᛏᚱ ᛋᛂᚱ ᛆᛚᛑᚱᛏᚱᛂᚵᛆ;
ᚮᚡᛏ ᚠᛅᚱ ᚼᛚᛅᚵᛁᛋ,
ᛂᚱ ᛘᛂᛑ ᚼᚮᚱᛋᚴᚢᛘ ᚴᛂᛘᚱ,
ᛘᛆᚿᚿᛁ ᚼᛂᛁᛘᛋᚴᚢᛘ ᛘᛆᚵᛁ.

21.

ᚼᛃᛆᚱᛑᛁᚱ ᚦᛆᛏ ᚡᛁᛏᚢ,
ᚿᛅᚱ ᚦᛅᚱ ᚼᛂᛁᛘ ᛋᚴᚢᛚᚢ,
ᚮᚴ ᚵᛆᚿᚵᛆ ᚦᛆ ᛆᚡ ᚵᚱᛆᛋᛁ;
ᛂᚿ ᚮᛋᚡᛁᛑᚱ ᛘᛆᛑᚱ
ᚴᛆᚿᚿ ᛅᚡᛆᚵᛁ
ᛋᛁᚿᛋ ᚮᚡ ᛘᛆᛚ ᛘᛆᚵᛆ.

19.

Haldi-t maðr á keri,
drekki þó at hófi mjöð,
mæli þarft eða þegi,

ókynnis þess
vár þik engi maðr,
at þú gangir snemma at sofa.

Keep not the mead cup but
drink thy measure;
speak needful words or
none:
none shall upbraid thee
for lack of breeding
if soon thou seek'st thy rest.

20.

Gráðugr halr,
nema geðs viti,
etr sér aldrtrega;
oft fær hlægis,
er með horskum kemr,
manni heimskum magi.

A greedy man,
if he be not mindful,
eats to his own life's hurt:
oft the belly of the fool will
bring him to scorn
when he seeks the circle of
the wise.

21.

Hjarðir þat vitu,
nær þær heim skulu,
ok ganga þá af grasi;

en ósviðr maðr

kann ævagi
síns of mál maga.

Herds know the hour of
their going home
and turn them again from
the grass;
but never is found a foolish
man
who knows the measure of
his maw.

22.

ᚹᚤᚼᚷᛏ ᚤᛏᚼᚱ
ᚼᚤ ᛁᛏᛏᛁ ᛌᚤᚼᛒᛁ
ᚻᚷᛏᚱ ᚾᛏ ᚻᚤᛁᚤᛁᛁᛌ;
ᚻᛁᛏᛏᚤᛁ ᚻᛌᛏᛏ ᚤᛌᛁᛏ,
ᛁᚱ ᚻᛌᛏᛏ ᚤᛌᛏ ᛔᛏᚱᚹᛌᛁ,
ᛏᛏ ᚻᛌᛏᛏ ᛁᚱ-ᛁ ᚤᛌᛦᛦᛌ ᚤᛏᚱ.

23.

ᛏᛌᚤᛌᚱ ᚤᛏᚱ
ᚤᛌᚤᛁᚱ ᚾᛦ ᛏᛏᛏᚱ ᚻᛏᚱ
ᚼᚤ ᚻᛌᚤᚤᚱ ᛏᛏ ᚻᚤᛁᚤᛁᛁᛌ;
ᛔᛁ ᛁᚱ ᚤᛏᛏᚱ,
ᛁᚱ ᛏᛏ ᚤᛏᚱᚤᛌ ᛌᚤᚤᚱ,
ᛏᛏᛦ ᛁᚱ ᚤᛁᛏ ᛌᛌᚤ ᚤᛌᚱ.

24.

ᛏᛌᛌᛁᚱ ᚤᛏᚱ
ᚻᛌᚤᚤᚱ ᛌᛌᚱ ᛏᛏᛏ ᚤᛏᚱᛌ
ᚤᛁᚻᚱᛏᛌᛌᛁᚱ ᚤᛁᛌ;
ᚻᛁᛏᛏᚤᛁ ᚻᛌᛏᛏ ᚤᛏᛏᚱ,
ᛔᛌᛏᛏ ᛔᛌᛁᚱ ᚾᛦ ᚻᛌᛏᛏ ᚤᛌᚱ ᚾᛌᛁ,
ᚼᚤ ᚻᛌᛏᛏ ᚤᛏᛏ ᛌᛌᛁᚱᚾᛦ ᛌᛁᛏᚱ.

22.

Vesall maðr
ok illa skapi
hlær at hvívetna;
hittki hann veit,
er hann vita þyrfti,
at hann er-a vamma vanr.

The miserable man and evil
minded
makes of all things mockery,
and knows not that which
he best should know,
that he is not free from
faults.

23.

Ósviðr maðr
vakir um allar nætr
ok hyggr at hvívetna;

þá er móðr,
er at morgni kemr,
allt er víl sem var.

The unwise man
is awake all night,
and ponders everything
over;
when morning comes
he is weary in mind,
and all is a burden as ever.

24.

Ósnotr maðr
hyggr sér alla vera
viðhlæjendr vini;
hittki hann fiðr,
þótt þeir um hann fár lesi,

ef hann með snotrum sitr.

The unwise man
weens all who smile
and flatter him are his
friends,
nor notes how oft they
speak him ill
when he sits in the circle of
the wise.

25.

ᛏᛋᚻᛅᛏᛁᚱ ᚤᛏᛅᚱ
ᛍᛅᛒᛒᚱ ᛋᛁᚱ ᛏᚾᛏᛁ ᛒᛅᚱᛁ
ᛒᛁᛟᛍᚾᛏᛋᛁᛏᛅᚱ ᛒᛁᛋ;
ᚦᛁ ᚦᛅᛏ ᛒᛁᛋᛋᚱ,
ᛁᚱ ᛏᛏ ᚦᛁᚾᛒᛁ ᛒᛏᚤᚱ,
ᛏᛏ ᛝᛋᛁᛏ ᛏ ᛒᛅᚱᚤᛏᛝᛁᛅᚱ ᛒᛋᛁ.

26.

ᛏᛋᚻᛅᛏᛁᚱ ᚤᛏᛅᚱ
ᚦᛅᛒᛒᛁᛋᛍ ᛏᛐᛘ ᛒᛁᛏᛁ,
ᛏᛍ ᛝᛁᛏᛏ ᛏ ᛋᛁᚱ ᛁ ᛒᛋ ᛒᛁᚱᚦ;
ᛝᛏᛏᛏᛍᛁ ᛝᛁᛏᛏ ᛒᛋᛁᛏ,
ᛝᛍᛋᛏ ᛝᛁᛏᛏ ᛋᛍᛏᚱ ᛒᛁᛏ ᛍᛍᛏᛁ,
ᛏᛍ ᛝᛁᛏᛋ ᛒᚱᛏᛁᛋᛏ ᛒᛁᚱᛁᚱ.

27.

ᛏᛋᚻᛅᛏᛁᚱ ᚤᛏᛅᚱ,
ᛁᚱ ᚤᛁᛏ ᛏᛘᛁᚱ ᛒᛏᚤᚱ,
ᚦᛁᛏ ᛁᚱ ᛒᛅᚤᛏ, ᛏᛏ ᛝᛁᛏᛏ ᚦᛁᛍᛁ;
ᛝᛍᛁ ᚦᛁᛏ ᛒᛝᛁᛏ,
ᛏᛏ ᛝᛁᛏᛏ ᛏᛍᛍᛁ ᛒᛏᛁᛏ,
ᛟᚤᛏ ᛝᛁᛏᛏ ᚤᛏᛁ ᛏᛁᚱ ᚤᛏᚱᛍᛁ;
ᛒᛁᛏᛏ-ᛏ ᚤᛏᛅᚱ,

25.

Ósnotr maðr
hyggr sér alla vera
viðhlæjendr vini;
þá þat finnr,
er at þingi kemr,

at hann á formælendr fáa.

The unwise man
weens all who smile
and flatter him are his
friends;
but when he shall come into
court he shall find
there are few to defend his
cause.

26.

Ósnotr maðr
þykkisk allt vita,
ef hann á sér í vá veru;

hittki hann veit,
hvat hann skal við kveða,
ef hans freista firar.

The unwise man
thinks all to know,
while he sits in a sheltered
nook;
but he knows not one thing,
what he shall answer,
if men shall put him to
proof.

27.

Ósnotr maðr,
er með aldir kemr,
þat er bazt, at hann þegi;
engi þat veit,
at hann ekki kann,
nema hann mæli til margt;
veit-a maðr,

For the unwise man
'tis best to be mute
when he come
amid the crowd,
for none is aware of his lack
of wit
if he wastes not too many
words;

ᚼᛁᚼ ᛁᛦ ᚠᛆᛏᛏᛁᛈᛁ ᚠᛆᛁᛏ,
ᚦᛆᛏᛏ ᚼᛁᚼ ᛘᛆᛏᛁ ᛏᛁᚱ ᛘᛆᛦᛈᛁ.

28.
ᚠᚱᛅᛆᛦ ᛌᛁ ᚦᛆᛈᛈᛁᛌᛈ,
ᛁᛦ ᚠᚱᛁᛈᚼ ᛈᛆᛁᛁ
ᛁᛈ ᛌᛁᛈᛌᛁ ᛁᛏ ᛌᛁᛐᛁ;
ᛁᛆᛈᛁᛁᚿ ᚿᛆᛁᚼ
ᛐᛁᛈᚿ ᛌᛁᚼ ᛌᛆᚼᛁᛦ,
ᚦᛈᛁ ᛁᛦ ᚠᛁᛁᚠᛦ ᚿᛐ ᚠᚿᛐᛁ.

29.
ᛁᚱᚼ ᛐᛁᚿᛁᛦ,
ᛌᛁ ᛁᛦ ᛁᛈᛌ ᚦᛁᛈᛁᛦ,
ᛌᛁᛁᛁᚿᛌᚿ ᛌᛁᛈᛁ;
ᚼᚱᛁᛐᛐᛁᛘ ᛏᚿᛁᛈᛌ,
ᚼᛐᛌ ᚼᛁᛘᚼᛁᛅᛦ ᛁᛈᛐᛁ,
ᛁᛈᛌ ᛌᛁᛦ ᛁᛈᛆᛏᛏ ᛁᛈ ᚠᛁᚿᛦ.

30.
ᛁᛏ ᛁᚿᛈᛌᛒᚱᛁᛈᛁ
ᛌᛈᛌᛐᛁ ᛐᛅᛅᛦ ᚼᛁᛁᛁ ᚼᛁᛈᛌ,
ᚦᛆᛏᛏ ᛏᛁᛦ ᛈᛅᛁᛁᛌ ᛈᛅᛐᛁ;
ᛐᛅᛦᛈᛦ ᚦᛁ ᚠᚱᛅᛆᛦ ᚦᛆᛈᛈᛁᛌᛈ,
ᛁᛈ ᚼᛁᛁᛁ ᚠᚱᛁᛈᛁᛁᛁ ᛁᛦ-ᛁᛏ
ᛁᛈ ᚼᛁ ᚼᛁᛁᛁ ᚦᚿᛦᛦᛈᛌᛁᚿᚿᛦ ᚦᚱᚿᛐᛁ.

hinn er vettki veit,

þótt hann mæli til margt.

for he who lacks wit shall
never learn
though his words flow ne'er
so fast.

28.

Fróðr sá þykkisk,
er fregna kann
ok segja it sama;
eyvitu leyna
megu ýta synir,
því er gengr um guma.

Wise he is deemed
who can question well,
and also answer back:
the sons of men
can no secret make
of the tidings told in their
midst.

29.

Ærna mælir,
sá er æva þegir,
staðlausu stafi;
hraðmælt tunga,
nema haldendr eigi,

oft sér ógótt of gelr.

Too many unstable words
are spoken
by him who ne'er holds his
peace;
the hasty tongue sings its
own mishap
if it be not bridled in.

30.

At augabragði
skal-a maðr annan hafa,
þótt til kynnis komi;
margr þá fróðr þykkisk,
ef hann freginn er-at
ok nái hann þurrfjallr
þruma.

Let no man
be held as a laughing-stock,
though he come as guest for
a meal:
wise enough seem many
while they sit dry-skinned
and are not put to proof.

31.

ᚠᚱᚭᛑᚱ ᚦᛦᚴᚴᛁᛋᚴ,
ᛋᛆ ᛂᚱ ᚠᛚᚭᛏᛏᛆ ᛏᛂᚴᚱ,
ᚵᛂᛋᛏᚱ ᛆᛏ ᚵᛂᛋᛏ ᚼᛅᛑᛁᚿᚿ;
ᚡᛂᛁᛏ-ᛆ ᚵᚯᚱᛚᛆ,
ᛋᛆ ᛂᚱ ᚮᚠ ᚡᛂᚱᛑᛁ ᚵᛚᛁᛋᛋᛁᚱ,
ᚦᚭᛏᛏ ᚼᛆᚿᚿ ᛘᛂᛑ ᚵᚱᚯᛘᚢᛘ ᚵᛚᛆᛘᛁ.

32.

ᚵᚢᛘᚿᛆᚱ ᛘᛆᚱᚵᛁᚱ
ᛂᚱᚢᛋᚴ ᚵᛆᚵᚿᚼᚯᛚᛚᛁᚱ,
ᛂᚿ ᛆᛏ ᚡᛁᚱᛑᛁ ᚡᚱᛂᚴᛆᛋᚴ;
ᛆᛚᛑᛆᚱ ᚱᚭᚵ
ᚦᛆᛏ ᛘᚢᚿ ᛅ ᚡᛂᚱᛆ,
ᚭᚱᛁᚱ ᚵᛂᛋᛏᚱ ᚡᛁᛑ ᚵᛂᛋᛏ.

33.

ᛆᚱᛚᛁᚵᛆ ᚡᛂᚱᛑᛆᚱ
ᛋᚴᛦᛚᛁ ᛘᛆᛑᚱ ᚮᚠᛏ ᚠᛆᛆ,
ᚿᛂᛘᛆ ᛏᛁᛚ ᚴᛦᚿᚿᛁᛋ ᚴᚮᛘᛁ:
ᛋᛁᛏᚱ ᚮᚴ ᛋᚿᚭᛒᛁᚱ,
ᛚᛅᛏᚱ ᛋᛂᛘ ᛋᚭᛚᚵᛁᚿᚿ ᛋᛂ
ᚮᚴ ᚴᛆᚿᚿ ᚠᚱᛂᚵᚿᛆ ᛆᛏ ᚠᛆᚢ.

31.

Fróðr þykkisk,
sá er flótta tekr,
gestr at gest hæðinn;
veit-a görla,
sá er of verði glissir,
þótt hann með grömum
glami.

A guest thinks him
witty who mocks at a guest
and runs from his wrath;
but none can be sure
who jests at a meal
that he makes not fun
among foes.

32.

Gumnar margir
erusk gagnhollir,
en at virði vrekask;
aldar róg
þat mun æ vera,
órir gestr við gest.

Oft, though their hearts lean
towards one another,
friends are divided at table;
ever the source of strife
'twill be,
that guest will anger guest.

33.

Árliga verðar
skyli maðr oft fáa,
nema til kynnis komi:
str ok snópir,
lætr sem solginn sé
ok kann fregna at fáu.

A man should take always
his meals betimes
unless he visit a friend,
or he sits and mopes, and
half famished seems,
and can ask or answer
nought.

34.

ᚼᚽᚪᚹᛅᚱᚹ ᛦᛁᚹᛁᛏ
ᚽᚱ ᛏᛁᚾ ᛁᚾᚿ ᚹᛁᚼᚱ,
ᚦᛅᛏᛏ ᛂ ᛒᚱᛅᛗᛏᛁ ᛒᚾᛁ,
ᚼᚽ ᛏᛁᚾ ᚹᛅᛏᚿ ᚹᛁᚼᚱ
ᛁᛁᚹᚹᛍᛁ ᚹᛦᚹᚽᚹᛅᚹᛁᚱ,
ᚦᛅᛏᛏ ᚼᛅᚽ ᛍᛅ ᚹᛁᚱᚱ ᚹᛅᚱᛁᚽᚽ.

35.

ᚹᛅᚽᚹᛂ ᛍᚹᛅᛏ,
ᛍᚹᛅᛏᛂᛂ ᚹᛍᛍᛏᚱ ᚹᛅᚱᛂ
ᚽᛪ ᛁ ᚼᛁᚾᛦ ᛍᛏᛅᛐ;
ᛁᛍᚾᚹᚱ ᚹᛅᚱᛅᚱ ᛁᛁᛐᚱ,
ᚼᚹ ᛁᛁᚽᚹᛁ ᛍᛁᛐᚱ
ᚼᛁᚽᚱᛍ ᚹᛐᛏᛍᚾᛦ ᛂ.

36.

ᛒᛁ ᚽᚱ ᛒᚽᛐᚱᛂ,
ᚦᛅᛏᛏ ᛁᛐᛁᛐ ᛍᚽ,
ᚼᛁᛐᚱ ᚽᚱ ᚼᛁᛦᚽ ᚼᚹᛅᚱᚱ;
ᚦᛅᛏᛏ ᛏᚹᚽᚱ ᚹᚽᛐᚱ ᚽᛁᛦᛁ
ᚼᚹ ᛏᛁᚾᚹᚱᛅᚹᛍᚽ ᛍᛅᛏ,
ᚦᛁᛏ ᚽᚱ ᚦᛅ ᛒᚽᛐᚱᛂ ᚽ ᛒᚽᚽ.

34.

Afhvarf mikit
er til ills vinar,
þótt á brautu búi,
en til góðs vinar
liggja gagnvegir,
þótt hann sé firr farinn.

Long is the round
to a false friend leading,
e'en if he dwell on the way:
but though far off fared,
to a faithful friend
straight are the roads and
short.

35.

Ganga skal,
skal-a gestr vera
ey í einum stað;

ljúfr verðr leiðr,
ef lengi sitr
annars fletjum á.

A guest must depart again
on his way,
nor stay in the same place
ever;
if he bide too long on
another's bench
the loved one soon becomes
loathed.

36.

Bú er betra,
þótt lítit sé,
halr er heima hverr;

þótt tvær geitr eigi
ok taugreftan sal,
þat er þó betra en bæn.

One's own house is best,
though small it may be;
each man is master at
home;
though he have but two
goats and a thatched hut
'tis better than craving a
boon.

37.

ᛒᚢ ᛁᚱ ᛒᛁᚱᛁ,
ᚦᛆᛏᛏ ᛚᛏᛁᛏ ᛋᛁ,
ᚼᛁᚱ ᛁᚱ ᚼᛁᛁᛋ ᚼᛈᛁᚱᚱ;
ᛒᚱᛆᛏᚢᛈᛏ ᛁᚱ ᚼᛌᚱᛁᛁ,
ᚦᛁᛈ ᛁᚱ ᛒᛁᛆᛋ ᛋᛈᛁᛚ
ᛋᛁᚱ ᛁ ᛈᛁᛚ ᚼᛈᛁᚱᛏ ᛈᛏᛏᛁᚱ.

38.

ᛈᛆᛒᛁᚢᛈ ᛋᛁᛏᚢᛈ
ᛋᛈᛁᛚᛆ ᛈᛁᛆᚱ ᛈᛆᛏᛏᛁ ᛆ
ᛈᛆᛚ ᛈᛆᛈᛈᛆ ᛈᚱᛆᛈᛆᚱ,
ᚦᛈᛁ ᛏᛏ ᛆᛈᛁᛋᛏ ᛁᚱ ᛏᛏ ᛈᛁᛏᛁ,
ᚼᛁᚱ ᛈᛆᚱᛆᚱ ᛆ ᛈᛆᛈᚢᛈ ᛏᛁᛁ
ᛈᛁᛁᚱᛋ ᛆᛈ ᚦᛆᚱᛈ ᛈᚢᛏᛁ.

39.

ᛈᛆᛁᛈᛆᛁ ᛆᛈ ᛈᛁᛈᛆᛁ ᛈᛁᛁᛁ
ᛁᚼ ᛋᛈᛋ ᛈᛁᛁᛁᚱ ᛈᛆᛁᛁ,
ᛏᛏ ᛈᛆᚱᛁᛁ ᛞᛁᛈᛈᛋ ᚦᛁᛈᛁᛏ,
ᛁᚼ ᛋᛁᛁᛋ ᛈᛁᚼᚱ
ᛋᛈᛆᛈᛁ ᛈᛆᛈᛈᛈᛈᛁ,
ᛏᛏ ᛏᛁᛁ ᛋᛁ ᛏᛁᛏᛁ, ᛆᛈ ᚦᛁᛈᛁ.

37.

Bú er betra,
þótt lítit sé,
halr er heima hverr;

blóðugt er hjarta,
þeim er biðja skal
sér í mál hvert matar.

One's own house is best,
though small it may be,
each man is master at
home;
with a bleeding heart will he
beg, who must,
his meat at every meal.

38.

Vápnum sínum
skal-a maðr velli á
feti ganga framar,
því at óvíst er at vita,
nær verðr á vegum úti
geirs of þörf guma.

Let a man never
stir on his road a step
without his weapons of war;
for unsure is the knowing
when need shall arise
of a spear on the way.

39.

Fannk-a ek mildan mann
eða svá matar góðan,
at væri-t þiggja þegit,

eða síns féar
svági glöggvan,
at leið sé laun, ef þægi.

I found none so noble or
free with his food,
who was not gladdened with
a gift,
nor one who gave of his gifts
such store
but he loved reward, could
he win it.

40.

�...

ᚠᛂᚼᚱ ᛊᛁᚼᛊ,
ᚼᚱ ᚠᛂᚼᚠᛁᛁ ᚼᚠᚱ,
ᛊᚠᚾᛁ-ᛁ ᛃᚼᚼᚱ ᛞᚼᚱᚠ ᛞᚼᛁᛁ;
ᚼᚠᛁ ᛊᛒᚼᚱᛁᚱ ᛁᛁᚼᚾᛃ,
ᚦᚼᛁᛊ ᚼᚠᚱ ᛁᛊᚾᚠᚾᛃ ᚼᚾᚠᛁᛁ;
ᛃᚼᚱᚠᛁ ᚠᚼᚠᚱ ᚠᚼᚱᚱ ᚼᚠ ᚠᚼᚱᛁᚱ.

41.

ᚠᚼᛒᛁᚾᛃ ᚼᚠ ᚠᚼᚼᚾᛃ
ᛊᚠᚾᛁᛁ ᚠᛁᚼᚱ ᚠᛁᚼᛊᛊᚼᛊᚠ;
ᚦᚼᛁ ᚼᚱ ᚼ ᛊᛊᚼᛁᚠᚾᛃ ᛊᚼᛁᛊᛁ;
ᚠᛁᚼᚱᚠᚼᚠᚼᚼᚱ ᚼᚠ ᚼᚼᚱᚠᚼᚠᚼᚼᚱ
ᚼᚱᚾᛊᚠ ᛁᛁᚠᛊᛁ ᚠᛁᚼᚱ,
ᚼᚠ ᚦᚼᛁ ᛒᛁᚼᚱ ᛁᛁ ᚠᚼᚱᚼ ᚠᚼᛁ.

42.

ᚠᛁᚼ ᛊᛁᚼᚾᛃ
ᛊᚠᚼᛁ ᛃᚼᚼᚱ ᚠᛁᚼᚱ ᚠᚼᚱᚼ
ᚼᚠ ᚠᛊᚼᛁᚼ ᚠᛊᚼᚠ ᚠᛁᚼ ᚠᛊᚼᚠ;
ᚼᚼᚼᚱ ᚠᛁᚼ ᚼᚼᚼᚱᛁ
ᛊᚠᚾᛁ ᚼᚼᛁᚼᚱ ᛁᚼᛁ
ᚼᚼ ᛁᛁᚾᛊᚾᛁᚠ ᚠᛁᚼ ᛁᚼᛁᛁ.

40.

Féar síns,
er fengit hefr,
skyli-t maðr þörf þola;

oft sparir leiðum,
þats hefr ljúfum hugat;
margt gengr verr en varir.

Let no man stint him
and suffer need of the
wealth he has won in life;
oft is saved for a foe what
was meant for a friend,
and much goes worse than
one weens.

41.

Vápnum ok váðum
skulu vinir gleðjask;
þat er á sjalfum sýnst;
viðrgefendr ok endrgefendr
erusk lengst vinir,
ef þat bíðr at verða vel.

With raiment and arms shall
friends gladden each other,
so has one proved oneself;
for friends last longest, if
fate be fair
who give and give again.

42.

Vin sínum
skal maðr vinr vera
ok gjalda gjöf við gjöf;
hlátr við hlátri
skyli höldar taka
en lausung við lygi.

To his friend a man should
bear him as friend,
and gift for gift bestow,
laughter for laughter let him
exchange,
but leasing pay for a lie.

43.

ᛈᛁᛂ ᛋᛁᛂᚾᛦ
ᛋᛈᛂᛁ ᛦᛏᛅᚱ ᛈᛁᛂᚱ ᛈᛅᚱᛅ,
ᛏᛁᛁᛦ ᛅᛈ ᛏᛁᛋᛋ ᛈᛁᛂ;
ᛂᛂ ᛅᛈᛈᛁᛂᚱ ᛋᛁᛂᛋ
ᛋᛈᛅᚾᛁ ᛂᛂᛈᛁ ᛦᛏᛅᚱ
ᛈᛁᛂᚱ ᛈᛁᛂᚱ ᛈᛅᚱᛅ.

44.

ᛈᛅᛁᛦᛏᛁ, ᛅᛈ ᚦᚾ ᛈᛁᛂ ᛅᛂᛂ,
ᛏᛁᛂᛂ ᛂᚱ ᚦᚾ ᛈᛅᛁ ᛏᚱᚾᛁᚱ,
ᛅᛈ ᛈᛁᛂᛂ ᚦᚾ ᛅᛈ ᛉᛁᛂᚾᛦ ᛈᛅᛂᛂ ᛈᛂᛂᛅ,
ᛈᛅᛅ ᛋᛈᛅᛘᚾ ᛈᛁᛅ ᛏᛁᛂᛂ ᛒᚱᛁᛂᛂ
ᛅᛈ ᛈᛋᛂᛈᛦᚾᛦ ᛋᛈᛁᛒᛂᛂ,
ᛈᛅᚱᛅ ᛂᛂ ᛈᛁᛂᛂ ᛅᛈᛂ.

45.

ᛅᛈ ᚦᚾ ᛅᛂᛂ ᛂᛂᛂᛂ,
ᛏᛁᛂᛂᛋ ᚦᚾ ᛂᛂᛂᛋ ᛏᚱᚾᛁᚱ,
ᛈᛁᛂᛏ ᛅᛈ ᛉᛁᛂᚾᛦ ᛏᛅ ᛈᛅᛂᛂ ᛈᛂᛂᛅ,
ᛈᛅᛈᚱᛅ ᛋᛈᛅᛘᚾ ᛈᛁᛅ ᛏᛁᛂᛂ ᛦᛂᛂᛅ
ᛂᛂ ᛈᛂᛂᛂᛂ ᛉᛅᛈᛈᛋᛂ
ᛅᛈ ᛈᛋᛂᛂᛅ ᛂᛂᛋᛂᛂᛈ ᛈᛁᛅ ᛂᛅᛈᛁ.

43.

Vin sínum
skal maðr vinr vera,
þeim ok þess vin;
en óvinar síns
skyli engi maðr
vinar vinr vera.

To his friend a man
should bear him as friend,
to him and a friend of his;
but let him beware that he
be not the friend
of one who is friend to his
foe.

44.

Veiztu, ef þú vin átt,
þann er þú vel trúir,
ok vill þú af hánum gótt
geta,
geði skaltu við þann blanda
ok gjöfum skipta,
fara at finna oft.

Hast thou a friend whom
thou trustest well,
from whom thou cravest
good?
Share thy mind with him,
gifts exchange with him,
fare to find him oft.

45.

Ef þú átt annan,
þanns þú illa trúir,
vildu af hánum þó gótt
geta,
fagrt skaltu við þann mæla
en flátt hyggja
ok gjalda lausung við lygi.

But hast thou one whom
thou trustest ill
yet from whom thou cravest
good?
Thou shalt speak him fair,
but falsely think,
and leasing pay for a lie.

46.

ᚦᛁᛏ ᛁᚱ ᚼᛁᛁ ᛅᛈ ᚦᛁᚼᛁ
ᛁᚱ ᚦᚢ ᛁᛐᛁ ᛏᚱᚢᛁᚱ
ᛅᛈ ᚦᛁᚱ ᛁᚱ ᚠᚱᚢᛁᚱ ᛏᛐ ᛪᛁᛁᛋ ᛈᛁᛏᛁ,
ᛪᚱᛏᛋᛅ ᛋᛈᛏᛘᚢ ᛈᛁᛏ ᚦᛁᛁᛪ
ᛅᛈ ᚢᛪ ᛪᚢᛈ ᛪᛏᛁᛋ;
ᚠᚢᛁᛈ ᛋᛈᚢᛐᚢ ᛈᛋᛣᛙ ᛈᛋᛣᛈᚢᛪ.

47.

ᚢᛁᛈᚱ ᛈᛋᚱ ᛁᛈ ᛈᛋᚱᛅᚢᛪ,
ᛈᛋᚱ ᛁᛈ ᚼᛁᛁ ᛋᛅᛪᛁᛐ,
ᚦᛁ ᛈᛋᚱᛅ ᛁᛈ ᛈᚢᛐᛐᚱ ᛈᛁᛈᛋ;
ᛅᚢᛅᛁᛈᚱ ᚦᛅᛐᛐᚢᛪᛈ,
ᛁᚱ ᛁᛈ ᛅᚼᛅᛁ ᛈᛋᛁᛁ,
ᛪᛅᛅᚱ ᛁᚱ ᛪᛅᛁᛁᛋ ᛈᛅᛪᛁᛐ.

48.

ᛪᛁᛘᛅᚱ, ᛈᚱᛅᛈᛅᚱ
ᛪᛁᛁᛁ ᛒᛅᛪᛅ ᚢᛈᛋ,
ᛋᛣᛁᛘᛅᛁ ᛋᛘ ᛅᛁᛋ;
ᛐᛐ ᛅᛋᛅᛣᛁᛐᛐᚱ ᛪᛅᛅᚱ
ᚢᛈᛈᛁᚱ ᛪᛅᛈᛪᛅᛋ,
ᛋᛅᛅᛁᚱ ᛐ ᛈᛐᛣᛈᛈᚱ ᛈᛁᛅ ᛈᛋᛣᛈᚢᛪ.

46.

Það er enn of þann
er þú illa trúir
ok þér er grunr at hans
geði,
hlæja skaltu við þeim
ok um hug mæla;
glík skulu gjöld gjöfum.

Yet further of him whom
thou trusted ill,
and whose mind thou dost
misdoubt;
thou shalt laugh with him
but withhold thy thought,
for gift with like gift should
be paid.

47.

Ungr var ek forðum,
fór ek einn saman,
þá varð ek villr vega;

auðigr þóttumk,
er ek annan fann,
maðr er manns gaman.

Young was I once,
I walked alone,
and bewildered seemed in
the way;
then I found me another
and rich I thought me,
for man is the joy of man.

48.

Mildir, fræknir
menn bazt lifa,
sjaldan sút ala;
en ósnjallr maðr
uggir hotvetna,
sýtir æ glöggr við gjöfum.

Most blest is he who lives
free and bold
and nurses never a grief,
for the fearful man is
dismayed by aught,
and the mean one mourns
over giving.

49.

ᚹᛊᛏᛁᚱ ᚤᛁᚼᚱ
ᚹᛁᚹ ᛁᚹ ᚹᛊᛏᛏᛁ ᛂᛏ
ᛏᚹᛊᛁᚤ ᛏᚱᛁᚤᚻᛏᛏᚾᚤ;
ᚱᛁᚹᚹᛊᚱ ᚦᛂᛏ ᚦᛊᛏᛏᚾᛊᚹ,
ᛁᚱ ᚦᛁᚱ ᚱᛁᚹᛁ ᚻᛁᚹᛁᚦ;
ᚺᛁᛊᛊ ᛁᚱ ᛁᚹᚹᚹᚹᛁᛊᚱ ᚻᛁᛏᚱ.

50.

ᚻᚱᛂᚱᚼᚱ ᚦᛁᛏᛏ,
ᛊᚦ ᛁᚱ ᛊᛏᚻᛊᚱ ᚦᛊᚱᛒᛁ ᛁ,
ᚻᛏᛌᚱ-ᛏᛏ ᚻᛁᛊᛊ ᛒᛂᚱᚹᚱ ᚻ ᛒᛁᚱᚱ;
ᛊᚹᛁ ᛁᚱ ᚤᛁᛁᚱ,
ᛊᛁ ᛁᚱ ᚤᛁᛊᛊᚹᛁ ᛁᛊᛊ.
ᚻᚹᛁᛏ ᛊᚹᛊᛏ ᚻᛁᛊᛊ ᛏᛁᛊᚹᛁ ᛏᛁᚹᛁ?

51.

ᛁᛙᛁ ᚻᛁᛏᚻᚱᛁ
ᛒᚱᛁᚻᚱ ᚤᛁᛁ ᛁᛏᛏᛏᚤ ᚹᛁᚼᚤ
ᚹᚱᛁᛏᚱ ᚹᛁᚤᚤ ᚺᚹᛁ,
ᛁᛁ ᚦᛁ ᛊᛏᛊᚹᚺᚱ,
ᛁᚱ ᛁᛁᛁ ᛊᛏᛏᛁ ᚹᛁᚤᚱ,
ᛁᚹ ᚹᛁᚱᛊᚼᚱ ᛁᛏᛏᚱ ᚹᛁᛊᛊᛁᛒᚱ.

Váðir mínar
gaf ek velli at
tveim trémönnum;

rekkar þat þóttusk,
er þeir rift höfðu;
neiss er nökkviðr halr.

My garments once
I gave in the field
to two land-marks made as
men;
heroes they seemed when
once they were clothed;
'tis the naked who suffer
shame!

50.

Hrörnar þöll,
sú er stendr þorpi á,
hlýr-at henni börkr né barr;

svá er maðr,
sá er manngi ann.
Hvat skal hann lengi lifa?

The pine tree wastes
which is perched on the hill,
nor bark nor needles shelter
it;
such is the man whom none
doth love;
for what should he longer
live?

51.

Eldi heitari
brennr með illum vinum
friðr fimm daga,
en þá sloknar,
er inn sétti kemr,
ok versnar allr vinskapr.

Fiercer than fire
among ill friends
for five days love will burn;
bun anon 'tis quenched,
when the sixth day comes,
and all friendship soon is
spoiled.

52.

ᚤᛁᚤᛁᛏ ᚼᛁᛏᛏ
ᛋᚤᛁᚦ-ᛁ ᚤᛁᚼᚼ ᚦᛁᚤᛏ;
ᛡᚤᛏ ᚤᛁᚢᛒᛁᚱ ᛋᛁᚱ ᛁ ᚾᛁᛐᚢ ᚾᛡᚤ,
ᚤᚼᛏ ᚼᛁᚱᚤᚢᚤ ᚼᛏᛁᚤ
ᛡᚤ ᚤᚼᛏ ᚼᛡᛐᛐᚢ ᚤᛁᚱᛁ
ᚦᛁᚤᚤ ᛡᚤ ᚤᛁᚱ ᚦᛁᚾᚤᛏ.

53.

ᚾᛁᛁᚾᛐ ᛋᛁᚼᛁ
ᚾᛁᛁᚾᛐ ᛋᛏᚤᛁ
ᚾᛁᛁᚱ ᛁᚱᛐ ᚤᛏ ᚤᚢᚤᛏ;
ᚦᚤᛁ ᛁᛐᛐᛁᚱ ᚤᛁᚼᛁ
ᚢᚱᛏᚢ-ᛁ ᛋᛁᚤᛏᛋᛒᛁᚤᛁᚱ;
ᚼᛁᚤᚤ ᛁᚱ ᛡᛏ ᚼᚤᛁᚱ.

54.

ᚤᛁᚼᛁᚱᛋᛁᛁᛏᚱ
ᛋᚤᛁᛐᛁ ᚤᛁᚼᚼ ᚼᚤᛁᚱᚱ;
ᛏᚤᛏ ᛁᛁᚱ ᛋᛁᛁᛏᚱ ᛋᛏ;
ᚦᛁᛁᚤ ᛁᚱ ᚤᛁᚱᛋᛏ
ᚤᛁᚤᚱᛋᛏ ᚼᛏ ᚾᛁᚤᛏ,
ᛁᚱ ᚤᛁᚱ ᚤᛁᚱᚤᛏ ᚤᛁᛁᚢ.

52.

Mikit eitt
skal-a manni gefa;
oft kaupir sér í litlu lof,

með halfum hleif
ok með höllu keri
fekk ek mér félaga.

Not great things alone must
one give to another,
praise oft is earned for
nought;
with half a loaf and a tilted
bowl
I have found me many a
friend.

53.

Lítilla sanda
lítilla sæva
lítil eru geð guma;
því allir menn
urðu-t jafnspakir;
half er öld hvar.

Little the sand
if little the seas,
little are minds of men,
for ne'er in the world were
all equally wise,
'tis shared by the fools and
the sage.

54.

Meðalsnotr
skyli manna hverr;
æva til snotr sé;

þeim er fyrða
fegrst at lifa,
er vel margt vitu.

Wise in measure
let each man be;
but let him not wax too
wise;
for never the happiest of
men is he
who knows much of many
things.

55.

ᚢᚾᛁᚷᛋᛁᛅᛁᚱ
ᛋᚹᛅᛁᚾ ᚢᛁᚾᚾ ᚼᚹᛅᚱᚱ,
ᛏᚹᛋ ᛁᛁᚱ ᛋᛁᛅᛁᚱ ᛋᛁ;
ᚦᚹᛁ ᛁᛁ ᛋᛁᛅᛁᚱᛋ ᚢᛁᚾᚾᛋ ᚼᛋᛅᚱᚼᛁ
ᚠᛁᚱᛅᚱ ᛋᛋᛁᛣᛁ ᚠᛁᛁᛁᛁ,
ᛏᛋ ᛋᛁ ᛁᚱ ᛁᛁᛋᛁᛅᛁᚱ, ᛁᚱ ᛁ.

56.

ᚢᚾᛁᚷᛋᛁᛅᛁᚱ
ᛋᚹᛅᛁᚾ ᚢᛁᚾᚾ ᚼᚹᛅᚱᚱ,
ᛏᚹᛋ ᛁᛁᚱ ᛋᛁᛅᛁᚱ ᛋᛁ;
ᚼᚱᚱᚢᚹ ᛋᛁᛁ
ᚠᛁᛁᛁ ᛁᛏᛁ ᚹᛅᚱᛁᚱ,
ᚦᛁᛁᚤ ᛁᚱ ᛋᛅᚱᚹᛁᚾᛁᚾᛋᛁᛅᛁᚱ ᛋᛁᚹᛁ.

57.

ᛒᚱᛁᛅᛁᚱ ᛁᚹ ᛒᚱᛁᛅᚾᛁ
ᛒᚱᛁᛁᛁ, ᚾᛁᛣᚤ ᛒᚱᚾᚼᚼᛁᚾ ᛁᚱ,
ᚹᚾᚼ ᚠᚹᛋᛁᚹᛁᛋᚹ ᛁᚹ ᚹᚾᚼ;
ᚢᛁᛅᚱ ᛁᚹ ᚢᛁᚼᚼᛁ
ᚠᛁᚱᛅᚱ ᛁᛁ ᚢᛁᚾᛁ ᚹᚾᛅᚱ,
ᛋᛋ ᛁᛁᚱ ᚼᛁᛋᛋᚹᚱ ᛁᚹ ᛁᚾᚱ.

44

55.

Meðalsnotr	Wise in measure
skyli manna hverr,	should each man be;
æva til snotr sé;	but let him not wax too wise;
því at snotrs manns hjarta	seldom a heart
verðr sjaldan glatt,	will sing with joy
ef sá er alsnotr, er á.	if the owner be all too wise.

56.

Meðalsnotr	Wise in measure
skyli manna hverr,	should each man be,
æva til snotr sé;	but ne'er let him wax too wise:
örlög sín	who looks not forward
viti engi fyrir,	to learn his fate
þeim er sorgalausastr sefi.	unburdened heart will bear.

57.

Brandr af brandi	Brand kindles from brand
brenn, unz brunninn er,	until it be burned,
funi kveikisk af funa;	spark is kindled from spark,
maðr af manni	man unfolds him by speech with man,
verðr at máli kuðr,	but grows over secret
en til dælskr af dul.	through silence.

58.

ᛕᚱ ᛋᛕᛁᛚ ᚱᛁᛋᚼ,
ᛋᛁ ᛁᚱ ᛁᛁᚼᚱᛋ ᚦᛁᛚᛚ
ᛈᛁ ᛁᚼ ᚦᛢᛁᚱ ᛒᛁᛈᛋ;
ᛋᛢᛁᛚᚼᛁ ᛚᛈᚦᛋᛁᚼᛁ ᛚᛚᚦᚱ
ᛚᚴᚱ ᛁᛈ ᛕᛁᚱ
ᚼ ᛋᛁᛈᛋᛁᚼᛁ ᛣᛁᛁᚱ ᛋᛁᛈᚱ.

59.

ᛕᚱ ᛋᛕᛁᛚ ᚱᛁᛋᛋ,
ᛋᛁ ᛁᚱ ᛁ ᛁᚱᛈᛋᛁᚼᚱ ᛕᛋᛋ,
ᛁᛈ ᛕᛁᛁᛈᛋ ᛋᛁᛁᛋ ᛕᛁᚱᛈᛋ ᛁ ᛕᛁᛁ;
ᛣᛁᚱᛈᛁ ᛁᛈ ᛁᛈᛁᚼᚱ,
ᚦᛁᛁᛁ ᛁᚱ ᛚᛣ ᛣᛁᚱᛈᛁᛁ ᛋᛁᛈᚱ,
ᛒᛚᛈᚱ ᛁᚱ ᛁᛁᚼᚱ ᛚᛁᛁ ᛒᛈᛒᛁᛚᛣ.

60.

ᚦᛚᚱᚱᛋ ᛋᛕᛁᚼ
ᛁᛈ ᚦᛁᛕᛁᛁᚼ ᚼᛕᛈᚱᛋ,
ᚦᛁᛋᛋ ᛕᛁᛁᛁ ᛣᛁᛁᚱ ᛣᛢᛒᛁ,
ᚦᛁᛋᛋ ᛕᛁᚼᚱ,
ᛁᚱ ᛕᛁᛁᚼᛋᛕ ᛣᛁᛕᛁ
ᛣᛁᛚ ᛁᛈ ᛣᛁᛋᛋᛁᚱᛁ.

58.

Ár skal rísa,
sá er annars vill
fé eða fjör hafa;
sjaldan liggjandi ulfr
lær of getr
né sofandi maðr sigr.

He must rise betimes
who fain of another
or life or wealth would win;
scarce falls the prey
to sleeping wolves,
or to slumberers' victory in
strife.

59.

Ár skal rísa,
sá er á yrkjendr fáa,
ok ganga síns verka á vit;
margt of dvelr,
þann er um morgin sefr,
hálfr er auðr und hvötum.

He must rise betimes
who hath few to serve him,
and see to his work himself;
who sleeps at morning is
hindered much,
to the keen is wealth half-
won.

60.

Þurra skíða
ok þakinna næfra,
þess kann maðr mjöt,

þess viðar,
er vinnask megi
mál ok misseri.

Of dry logs saved
and roof-bark stored
a man can know the
measure,
of fire-wood too which
should last him out
quarter and half years to
come.

61.

ᛔᚹᛏᚹᛁᚾ ᛁᚹ ᚤᛁᛏᛏᛁᚱ
ᚱᛁᛏᛁ ᚤᛏᛏᛁᚱ ᛐᛁᛒᛉᛁ ᛏᛁ,
ᛚᛏᛏ ᚼᛁᛁᛏ ᛋᛏᛁ ᛕᛏᛏᛏᛁᚱ ᛏᛁᚱ ᛕᛏᚱ;
ᛋᛕᛐᛁ ᛁᚹ ᛒᚱᛏᛕᛁ
ᛋᛕᛏᚤᚤᛁᛋᛕ ᛁᛕᛁ ᚤᛏᛏᛁᚱ
ᛘ ᚼᛁᛋᛏᛋ ᛁᚼ ᚼᛁᛘᛁᚱ,
ᛚᛏᛏ ᚼᛁᛁᛏ ᚼᛁᛕᛁ-ᛏ ᛕᛏᚼᛁᛁ

62.

ᛋᛁᛒᛁᚱ ᛁᚹ ᛕᚼᛒᛁᚱ,
ᛁᚱ ᛏᛁᚌ ᛋᛏᛕᛏᚱ ᛕᛁᚤᚱ,
ᛜᚱᛁ ᛁ ᛏᛘᛁᛁᚾ ᚤᛏᚱ;
ᛋᛕᛏ ᛁᚱ ᚤᛏᛏᚱ,
ᛁᚱ ᚤᛁᛏ ᚤᛜᚱᛕᛐᚤ ᛕᛁᚤᚱ
ᛁᚹ ᛁ ᛕᛏᚱᚤᛏᚾᛁᛏᚱ ᛕᚼᛁ.

63.

ᛕᚱᛁᛕᛋ ᛁᚹ ᛋᛁᛕᛋᛁ
ᛋᛕᛏᚌ ᛕᚱᛏᛏᚱᛁ ᚼᛕᛁᚱᚱ,
ᛋᛁ ᛁᚱ ᛕᛁᚌ ᚼᛁᛏᛁᛁᚾ ᚼᛏᚱᛋᛕᚱ;
ᛁᛁᚾ ᛕᛁᛏᛁ
ᛘ ᛏᛁᛋᚱᚱ ᛋᛕᛁᚌ,
ᛐᛋᛏ ᛕᛏᛁᛏ, ᛁᚹ ᛐᚱᛁᚱ ᚱᛁ.

48

61.

Þveginn ok mettr
ríði maðr þingi at,
þótt hann sé-t væddr til vel;
skúa ok bróka
skammisk engi maðr
né hests in heldr,
þótt hann hafi-t góðan

Fed and washed should one
ride to court
though in garments none
too new;
thou shalt not shame thee
for shoes or breeks,
nor yet for a sorry steed.

62.

Snapir ok gnapir,
er til sævar kemr,
örn á aldinn mar;
svá er maðr,
er með mörgum kemr
ok á formælendr fáa.

Like an eagle
swooping over old ocean,
snatching after his prey,
so comes a man into court
who finds there are
few to defend his cause.

63.

Fregna ok segja
skal fróðra hverr,
sá er vill heitinn horskr;
einn vita
né annarr skal,
þjóð veit, ef þrír ro.

Each man who is wise and
would wise be called
must ask and answer aright.
Let one know thy secret, but
never a second, --
if three a thousand shall
know.

64.

ᚱᛁᚴᛁ ᛋᛁᛏᛏ
ᛋᚴᛦᛚ ᚱᛆᛑᛋᛆᛂᛏᚱᛆ
ᚼᚠᛂᚱᚱ ᛁ ᚼᛆᚠᛁ ᚼᛆᚠᛆ;
ᚦᛆ ᚼᛆᛚᛚ ᚦᛆᛏ ᚠᛁᛚᛚᚱ,
ᛂᚱ ᛘᛂᛑ ᚠᚱᛆᚴᛚᚢᛘ ᚴᛂᛘᚱ
ᛆᛏ ᛂᛚᚠᛁ ᛂᚱ ᛂᛁᛚᛚ ᚼᚠᛆᛏᛆᛋᛏᚱ.

65.

-- -- -- --
ᚮᚱᛘ ᚦᛂᛁᚱᛆ,
ᛂᚱ ᛘᛆᛑᚱ ᚮᛑᚱᚢᛘ ᛋᛂᚠᛁᚱ
ᚮᚠᛏ ᚼᛆᛚᛚ ᚠᚯᚮᛚᛑ ᚮᚠ ᚠᛂᛏᚱ.

66.

ᛘᛁᚴᛁᛚᛋᛏᛁ ᛋᚼᛂᛘᛘᛆ
ᚴᚮᛘ ᛂᚴ ᛁ ᛘᛆᚱᚠᛆ ᛋᛏᛆᛑᛁ,
ᛂᛚ ᛏᛁᛚ ᛋᛁᛑ ᛁ ᛋᚢᛘᛆ;
ᚮᛚ ᚠᛆᚱ ᛑᚱᚢᚴᚴᛁᛏ,
ᛋᚢᛘᛏ ᚠᛆᚱ ᚮᛚᛆᚠᛆᛏ,
ᛋᚯᛆᛚᛘᛆᚼᛚ ᚼᛁᛏᛏᛁᚱ ᛘᛂᛑᚱ ᛁ ᛚᛑ.

64.

Ríki sitt
skyli ráðsnotra
hverr í hófi hafa;

þá hann þat finnr,
er með fræknum kemr
at engi er einna hvatastr.

A wise counselled man
will be mild in bearing
and use his might in
measure,
lest when he come his
fierce foes among
he find others fiercer than
he.

65.

-- -- -- --
orða þeira,
er maðr öðrum segir
oft hann gjöld of getr.

-- -- -- --
for the words which one
to another speaks
he may win reward of ill.

66.

Mikilsti snemma
kom ek í marga staði,
en til síð í suma;
öl var drukkit,
sumt var ólagat,
sjaldan hittir leiðr í líð.

At many a feast
I was far too late,
and much too soon at some;
drunk was the ale or yet
unserved:
never hits he the joint who
is hated.

67.

ᚻᛁᚱ ᚴᛈ ᚻᛈᛉᛁᚱ
ᛃᛌᛁᚼᛁ ᛃᛁᚱ ᚻᛁᛁᛃ ᚴᛈ ᛒᛁᚴᛁᛁ,
ᛈᛈ ᚦᛌᚱᛈᛉᛁᛈ ᛁᛁ ᛃᛁᛁᛁᛁᛈᛁ ᛃᛁᛁ,
ᛁᛁ ᛁᛈᛁᛁ ᛁᛁᚱ ᚻᛁᛈᛁ
ᛁᛁ ᛁᛁᛌ ᛁᚱᛌᛈᛈᛈᛈ ᛈᛁᚻᚱ,
ᚦᛁᚱᛌ ᛈᛈ ᚻᛁᛈᛁ ᛁᛁᛁᛁ ᛁᛁᛁᛁ.

68.

ᛁᛉᚱ ᛁᚱ ᛒᛁᛃᛁᚱ
ᛃᛁᛁ ᛌᛁᛁ ᛌᛁᛁᚾᛃ
ᛈᛈ ᛌᛁᛉᚱ ᛌᛌᛈ,
ᚻᛁᛁᛌᛁᛁ ᛌᛁᛁᛁ,
ᛈᛈ ᛃᛁᛁᚱ ᚻᛁᛈᛌ ᚻᛁᚱ,
ᛁᛁ ᛈᛁᛁ ᛁᚻᛌᛁ ᛁᛁ ᛁᛁᛈᛌ.

69.

ᛁᚱ-ᛁᛁ ᛃᛁᛁᚱ ᛁᛁᛁᛌ ᛈᛌᛁᛌᛁᛁᛁ,
ᚦᛁᛁᛁ ᚻᛁᛁᛌ ᛌᛁ ᛁᛁᛁᛌ ᚻᛁᛁᛁᛁ;
ᛌᛁᛃᛁᚱ ᛁᚱ ᛈᛈ ᛌᛁᛁᚾᛃ ᛌᛁᛁᛁ,
ᛌᛁᛃᛁᚱ ᛈᛈ ᛈᚱᛁᛁᛁᚾᛃ,
ᛌᛁᛃᛁᚱ ᛈᛈ ᛈᛁ ᛁᚱᛁᛁ,
ᛌᛁᛃᛁᚱ ᛈᛈ ᛈᛌᚱᛈᚾᛃ ᛈᛁᛁ.

67.

Hér ok hvar
myndi mér heim of boðit,
ef þyrftak at málungi mat,

eða tvau lær hengi
at ins tryggva vinar,
þars ek hafða eitt etit.

Here and there to a home
I had haply been asked
had I needed no meat at my
meals,
or were two hams left
hanging in the house of that
friend;where I had partaken
of one.

68.

Eldr er beztr
með ýta sonum
ok sólar sýn,

heilyndi sitt,
ef maðr hafa náir,
án við löst at lifa.

Most dear is fire
to the sons of men,
most sweet the sight of the
sun;
good is health if one can but
keep it; and to live a life
without shame.

69.

Er-at maðr alls vesall,
þótt hann sé illa heill;
sumr er af sonum sæll,

sumr af frændum,
sumr af fé ærnu,
sumr af verkum vel.

Not reft of all is
he who is ill,
for some are blest in their
bairns,
some in their kin and
some in their wealth,
and some in working well.

70.

ᛒᚢᛏᚱᛅ ᛁᚱ ᛚᛁᚹᛁᚾᚤ
ᛁᚾ ᛋᛅ ᛏᛁᚹᛁᚾᚤ,
ᚦᛅ ᚹᛅᚱ ᚹᚹᛁᚹᚱ ᚹᚢ;
ᛁᛘ ᛋᛅ ᛁᚹ ᚢᛒᛒ ᛒᚱᛁᛁᛋ
ᛏᛁᚾᛁᚹᚾᚤ ᚤᛁᛁᛁ ᚹᛅᚱᛁᚱ,
ᛁᛅ ᛗᛁ ᚹᛅᚱ ᛅᚢᛅᚱ ᚹᛅᚱ ᛏᚢᚱᚢᚤ.

71.

ᚺᛁᛘᚱ ᚱᛁᛅᚱ ᚺᚱᛅᛋᛋᛁ,
ᚺᚬᚦᚱᛅ ᚱᛁᚹᚱ ᚺᛁᛁᚺᚱ ᚹᛅᛁᚱ,
ᛅᚢᚹᚱ ᚹᛅᚹᚱ ᛅᚹ ᛅᚢᚹᛁᚱ,
ᛒᚢᛁᛁᛅᚱ ᛁᚱ ᛒᛅᛏᚱᛁ
ᛁᚾ ᛒᚱᛁᛁᛁᛅᚱ ᛋᛅᛁ,
ᚻᛅᛁᚱ ᚤᛁᛁᛁᚹᛁ ᛋᛅ.

72.

ᛋᛅᛁᚱ ᛁᚱ ᛒᛅᛏᚱᛁ,
ᚦᛅᛏᛏ ᛋᛅ ᛋᛁᛅ ᛅᚹ ᛅᛁᛁᛁ
ᛁᚹᛁᛁᚱ ᚹᛁᚹᚹᛁᛁ ᚹᚢᚤᛋ;
ᛋᚬᛅᛗᚻᛁ ᛒᛅᛗᚺᚱᛋᛅᛁᛁᚻᚱ
ᛋᛁᛁᛁᛋ ᛒᚱᛅᛘᚢ ᚻᚱ,
ᚻᚤᛅ ᚱᛅᛁᛋᛁ ᚻᛁᚱ ᛅᛏ ᚻᛁᛅ.

70.

Betra er lifðum	More blest are the living
en sé ólifðum,	than the lifeless,
ey getr kvikr kú;	'tis the living who come by
	the cow;
eld sá ek upp brenna	I saw the hearth-fire burn in
auðgum manni fyrir,	the rich man's hall
en úti var dauðr fyr durum.	and himself lying dead at
	the door.

71.

Haltr ríðr hrossi,	The lame can ride horse,
hjörð rekr handar vanr,	the handless drive cattle,
daufr vegr ok dugir,	the deaf one can fight and
	prevail,
blindr er betri	'tis happier for the blind
en brenndr séi,	than for him on the bale-
nýtr manngi nás.	fire; but no man hath care
	for a corpse.

72.

Sonr er betri,	Best have a son
þótt sé síð of alinn	though he be late born
eftir genginn guma;	and before him the father be
	dead:
sjaldan bautarsteinar	seldom are stones on the
standa brautu nær,	wayside raised
nema reisi niðr at nið.	save by kinsmen to
	kinsmen.

73.

ᛏᚹᛅᛁᚱ ᚱᚢ ᚼᛁᚾᛋ ᚼᛁᚱᛦᚢᚱ,
ᛏᚢᛁᚾᛋᛅ ᛁᚱ ᚼᚹᛈᚢᛏᛋ ᛒᛅᚾᛁ;
ᛁᚱ ᛘᛁᚱ ᛁ ᚼᛅᛁᚼ ᚼᚹᛅᚱᚼ
ᚼᛁᛁᚼᚱ ᚹᛏᚼᛁ.

74.

ᚼᛏᛏ ᚹᛅᚱᛅᚱ ᚹᛅᚹᛁᚼ
ᛋᛅ ᛁᚱ ᚼᛋᛏᛏ ᛏᚱᚦᛁᚱ,
ᛋᚹᛅᛐᛐᛅᚱ ᚱᚢ ᛋᚹᛁᛒᛋ ᚱᚢᚼᚱ;
ᚼᚹᛅᚱᚹ ᛁᚱ ᚼᛁᚦᛋᛏᚹᚱᛁᛐᛅ;
ᚹᛦᚾᛗ ᛏᚹ ᚹᛁᛅᚱᛁᚱ
ᛂ ᚹᛁᛐᛐ ᛏᚼᚹᚦᛐ
ᛁᛁ ᛐᛁᛁᚱᛂ ᛂ ᛐᛅᚾᛏᛁ.

75.

ᚹᛅᛏᛂᛂ ᚼᛁᛁᛁ,
ᛁᚱ ᚹᛂᛏᛏᛘᛁ ᚹᛅᛏ,
ᛐᛁᚱᚹᚱ ᚹᛅᚱᛅᚱ ᛏᚹ ᛏᚦᚱᚦᛏ ᛅᛒᛁ;
ᛐᛅᛏᚱ ᛁᚱ ᛏᚦᛅᛁᚹᚱ,
ᛁᛁᛁᚱ ᛅᚦᛐᛅᛁᚹᚱ,
ᛋᚹᛐᛂ-ᛂ ᚦᛁᛁ ᚹᛂᛏᛂ ᚹᛅᛅᚱ.

73.

Tveir ro eins herjar,
tunga er höfuðs bani;
er mér í heðin hvern
handar væni.

Two are hosts against one,
the tongue is the head's
bane,
'neath a rough hide a hand
may be hid;
he is glad at nightfall who
knows of his lodging.

74.

Nótt verðr feginn
sá er nesti trúir,
skammar ro skips ráar;

hverf er haustgríma;
fjölð of viðrir
á fimm dögum
en meira á mánuði.

He that learns nought will
never know
how one is the fool of
another,
for if one be rich another is
poor
and for that should bear no
blame.

75.

Veit-a hinn,
er vettki veit,
margr verðr af aurum api;
maðr er auðigr,
annar óauðigr,
skyli-t þann vítka váar.

Cattle die and kinsmen die,
thyself too soon must die,
but one thing never,
I ween, will die, --
fair fame of
one who has earned.

76.

ᚼᛅᛦ ᛈᛋ,
ᚼᛅᛋᛁ ᛈᚱᛏᚼᛅᛦ,
ᚼᛅᛦ ᛋᛟᛁᛚᛈᛦ ᛁᛁ ᛋᛁᛈᛋ,
ᚼᛁ ᛅᛦᛏᛋᛁᛁᚱᚱ
ᚼᛅᛦ ᛏᛘᛦᛁᛈᛁ,
᛬ᛈᛋᛁᛁ ᛁᛦ ᛋᛁᛦ ᛈᛋᚼᛁ ᛈᛁᛦ.

77.

ᚼᛅᛦ ᛈᛋ,
ᚼᛅᛋᛁ ᛈᚱᛏᚼᛅᛦ,
ᚼᛅᛦ ᛋᛟᛁᛚᛈᛦ ᛁᛁ ᛋᛁᛈᛋ,
ᚼᛈ ᛈᛋᛁᛁ ᚼᛁᚼ,
ᛁᛁ ᛏᛘᛦᚼ ᚼᛅᛦ:
ᚼᛈᛦ ᛁᛁᛈ ᚼᛁᛁᚼᛁ ᛬ᛈᛁᛦᛁ.

78.

ᛈᛁᛚᛁᛦ ᛈᚱᛁᚼᛅᛦ
ᛋᛁ ᛈᛈ ᛈᛅᛦ ᛈᛁᛁᛟᛁᛁᛈᛋ ᛋᛅᛁᛁᛈ,
ᚼᛁ ᛒᛁᚱᛅ ᚦᚼᛁᚱ ᛈᛋᚼᛦ ᛈᚼᛁ;
ᛋᛈᛋ ᛁᛦ ᛏᛁᛁᛦ
ᛋᛁᛈ ᛏᛁᛈᛋᛒᚱᛁᛈᛋ,
᛬ᛋᚼᚼ ᛁᛦ ᛈᛋᛘᛁᛋᛅᛦ ᛈᛁᚼ.

76.

Deyr fé,
deyja frændr,
deyr sjalfr it sama,
en orðstírr
deyr aldregi,
hveim er sér góðan getr.

Cattle die and kinsmen die,
thyself too soon must die,
but one thing never, I ween,
will die, --
the doom on each one dead.

77.

Deyr fé,
deyja frændr,
deyr sjalfr it sama,
ek veit einn,
at aldrei deyr:
dómr um dauðan hvern.

Full-stocked folds had the
Fatling's sons,
who bear now a beggar's
staff:
brief is wealth, as the
winking of an eye,
most faithless ever of
friends.

78.

Fullar grindr
sá ek fyr Fitjungs sonum,
nú bera þeir vánar völ;
svá er auðr
sem augabragð,
hann er valtastr vina.

If haply a fool should find
for himself
wealth or a woman's love,
pride waxes in him but
wisdom never
and onward he fares in his
folly.

79.

ᛀᛋᚺᛀᚱ ᛘᛀᚱ,
ᛁᛈ ᛁᛁᛈᚺᛋᛈ ᛈᛘᚱ
ᛈᛀ ᛁᚺ ᛈᚷᛋᛀᛏᚺ ᛘᛈᛀᛗᛀ,
ᛘᛏᛋᚺᛀᚱ ᚼᛀᛗᛘ ᚦᚱᛀᛀᛋᛈ,
ᛁᛁ ᛘᛀᛁᛁᛈᛘᛀ ᛀᛗᚱᛀᛈᛀ,
ᛈᚱᛀᛘ ᛈᛀᛈᚱ ᚼᛀᛁᛁ ᛀᚱᛟᛂᛈᛘᛀ ᛁ ᛀᛂᚠ.

Maxims for All Men (80-88)

80.

ᚦᛀᛘ ᛁᚱ ᚦᛀ ᚱᛀᛋᛀᛁ,
ᛁᚱ ᚦᛂ ᛀᛏ ᚱᛂᛀᛗᛘ ᛋᛒᛌᚱᚱ
ᛁᛁᛂᛘ ᚱᛀᛈᛀᛁᛈᛂᛀᛀᛂᛘ,
ᚦᛀᛁᛘ ᛁᚱ ᛈᛀᚱᛀᛂ ᛈᛁᛁᚱᛀᛈᛀᛁ
ᛀᛈ ᛈᛀᛀᛀ ᛈᛁᛘᛒᛂᚠᚦᛂᚠᚱ,
ᚦᛀ ᚼᛈᛈᚱ ᚼᛀᛁᛁ ᛒᛀᛘᛀ, ᛁᛈ ᚼᛀᛁᛁ ᚦᛀᛈᚱ.

81.

ᛀᛂ ᛈᛈᛀᛗᛀ ᛋᛈᛀᚠ ᚼᛈ ᛂᛌᛈᛀ,
ᛈᛀᛂᚦ, ᛁᚱ ᛒᚱᛁᛁᛁᛏ ᛁᚱ,
ᛘᛏᛈᛀ, ᛁᚱ ᚱᛀᛌᛀᚱ ᛁᚱ,
ᛘᛏᛌ, ᛁᚱ ᛈᛀᛈᛁᛁ ᛁᚱ,
ᛁᛋ, ᛁᚱ ᛌᛈᛀᚱ ᛈᛀᛐᚱ,
ᚼᚠ, ᛁᚱ ᛀᚱᚦᛂᛈᛈᛀ ᛁᚱ.

79.

Ósnotr maðr,
ef eignask getr
fé eða fljóðs munuð,
metnaðr hánum þróask,
en mannvit aldregi,
fram gengr hann drjúgt í dul.

All will prove true that
thou askest of runes --
those that are come from
the gods,
which the high Powers
wrought, and which Odin
painted:
then silence is surely best.

80.

Þat er þá reynt,
er þú að rúnum spyrr
inum reginkunnum,
þeim er gerðu ginnregin
ok fáði fimbulþulr,
þá hefir hann bazt, ef hann
þegir.

Praise day at even,
a wife when dead,
a weapon when tried,
a maid when married,
ice when 'tis crossed,
and ale when 'tis drunk.

81.

At kveldi skal dag leyfa,
konu, er brennd er,
mæki, er reyndr er,
mey, er gefin er,
ís, er yfir kemr,
öl, er drukkit er.

Hew wood in wind,
sail the seas in a breeze,
woo a maid in the dark, --
for day's eyes are many, --
work a ship for its gliding,
a shield for its shelter,
a sword for its striking, a
maid for her kiss;

82.

ᛁ ᛕᛁᚼᛁ ᛋᛕᛉᛁᚱ ᛒᛁᚼ ᚼᛏᛘᛘᛘᛋ,
ᛒᛏᛏᚱᛁ ᛃ ᛋᛄᛂ ᚱᚼᛄ,
ᛘᛏᚱᛕᚱᛁ ᛒᛁᚼ ᛘᛏᛃ ᛋᛒᛈᛁᛁᛁ,
ᛘᛏᚱᛘ ᛁᚱᛚ ᚼᛁᛘᛋ ᛏᛚᛕᛚ;
ᛃ ᛋᛕᛁᛒ ᛋᛕᛉᛁᚱ ᛋᛕᚱᛁᚼᚱ ᛏᚱᛕᛋ,
ᚼ ᛃ ᛋᛕᛈᚼᛗ ᛏᛁᚱ ᚼᛁᛕᛘᚱ,
ᛘᛏᛕᛁ ᚼᛏᛘᛘᛋ,
ᚼ ᛘᛏᛉ ᛏᛁᚱ ᛕᛋᛋᛋᛁ.

83.

ᛒᛁᚼ ᛁᛘᚼ ᛋᛕᛉᛁᚱ ᚼᚱ ᛏᚱᛁᛕᛕᛋ,
ᚼ ᛃ ᛁᛋᛁ ᛋᛕᚱᛁᚼ,
ᛘᛏᛕᚱᛃᚼ ᛘᛏᚱ ᛕᛏᛚᛒᛃ,
ᚼ ᛘᛏᛕᛁ ᛋᛏᛚᚱᛕᛃᚼ,
ᚼᛁᛘᛃ ᚼᛋᛁ ᛕᛏᛁᛁᛃ,
ᚼ ᚼᛚᛁᛃ ᛃ ᛒᛚᛁ.

84.

ᛘᛏᛉᛈᚱ ᚼᚱᛉᛏᛘ
ᛋᛕᛉᛚ ᛘᛏᛁᛁᛕᛁ ᛏᚱᛚᛁ
ᚼ ᛏᛕᛁ, ᚼᚱ ᛕᛘᛉᚱ ᛕᛉᚼ,
ᛏᛕᛁ ᚼᛁ ᛃ ᚼᛕᛏᚱᛕᛃᛁᚼ ᚼᛕᛁᛚ
ᛕᛏᚱᛚ ᛏᚼᛁᛘ ᚼᛈᚼᚱᛚ ᛋᛕᚼᛒᛚᛏ,
ᛒᚱᛁᛕᛋ ᛁ ᛒᚱᛈᛋᛋᛏ ᛏᛕ ᛘᛕᛁᚼ.

82.

Í vindi skal við höggva,
veðri á sjó róa,
myrkri við man spjalla,
mörg eru dags augu;
á skip skal skriðar orka,
en á skjöld til hlífar,
mæki höggs,
en mey til kossa.

Drink ale by the fire, but
slide on the ice;
buy a steed when 'tis lanky,
a sword when 'tis rusty;
feed thy horse neath a roof,
and thy hound in the yard.

83.

Við eld skal öl drekka,
en á ísi skríða,
magran mar kaupa,
en mæki saurgan,
heima hest feita,
en hund á búi.

The speech of a maiden
should no man trust
nor the words which a
woman says;
for their hearts were shaped
on a whirling wheel
and falsehood fixed in their
breasts.

84.

Meyjar orðum
skyli manngi trúa
né því, er kveðr kona,
því at á hverfanda hvéli
váru þeim hjörtu sköpuð,
brigð í brjóst of lagið.

Breaking bow, or flaring flame,
ravening wolf, or croaking
raven,
routing swine, or rootless tree,
waxing wave, or seething
cauldron,

85.

ᛒᚱᛁᛋᛏᛁᚠᛁᛋ ᛒᛅᛂᛋ,
ᛒᚱᛁᛁᚾᛁᛋ ᚾᛅᛂᛋ,
ᚠᛁᚾᛁᛋ ᚢᚦᛂᛁ,
ᛂᛁᚾᛁᛅᛁ ᚠᚱᛅᛂᚢ,
ᛁᛅᚾᛁᛋ ᛋᛂᛁᚾ,
ᛁᛅᛏᚾᚢᛋᚾᛘ ᛂᛁᛅ,
ᛂᛏᚦᛁᛋ ᛂᛅᛂᛁ,
ᛂᛅᛏᛁᛋ ᛂᛅᛏᚾ,

86.

ᛂᛏᛋᚾᛂᛁᛋ ᛂᚦᛁᚾ,
ᛂᛅᛏᛁᛅᛁ ᛒᛅᚱᚦ,
ᛁᛋ ᛁᛁᛁᛏᛏᚢᛘ,
ᛁᚱᛂᛁ ᛉᚱᛁᛁᛂᛏᛂᛏᚾᛘ,
ᛒᚱᚢᛁᚱ ᛒᛁᛂᛁᛏᚾᛘ
ᛁᛁ ᛒᚱᛅᛏᚢ ᛋᛂᛁᚱᛁ,
ᛒᛋᛁᚱᛁᚱ ᚾᛁᛂᛁ
ᛁᛁ ᛒᛅᚱᛁ ᛂᛅᛁᚾᛁᛂᛋ.

87.

ᛋᛋᚢᛂᚾᛘ ᛂᛁᛂᛂᛁ,
ᛋᛋᛁᛂᛂᚱᛁᛁ ᚦᚱᛁᚾᛁ,
ᛂᛅᚢ ᛂᛁᛂᛘᛏᛁ,
ᛂᛅᛂ ᛁᛅᛂᛁᛏᛁᚾᛘ.

85.

Brestanda boga,
brennanda loga,
gínanda ulfi,
galandi kráku,
rýtanda svíni,
rótlausum viði,
vaxanda vági,
vellanda katli,

flying arrows, or falling
billow,
ice of a nighttime, coiling
adder,
woman's bed-talk, or
broken blade,
play of bears or a prince's
child,

86.

Fljúganda fleini,
fallandi báru,
ísi einnættum,
ormi hringlegnum,
brúðar beðmálum
eða brotnu sverði,
bjarnar leiki
eða barni konungs.

sickly calf or self-willed
thrall,
witch's flattery, new-slain
foe,
brother's slayer, though seen
on the highway,
half burned house, or horse
too swift --
be never so trustful as these
to trust.

87.

Sjúkum kalfi,
sjalfráða þræli,
völu vilmæli,
val nýfelldum.

Let none put faith in the
first sown fruit
nor yet in his son too soon;
whim rules the child, and
weather the field,
each is open to chance.

88.

ᛏᚢᚱᛁ ᛏᚱᛋᛏᚾᚤ
ᛏᚱᚾᛁ ᚻᚢᛈ ᚤᛏᛏᚱ
ᚻ ᛏᛁᚱ ᛋᚺᚤᚤᛋ ᛋᛐᚻᛁ,
- ᚤᛏᛏᚱ ᚱᛏᛏᚱ ᛏᚢᚱᛁ.
ᚻ ᚤᛁᛐ ᛋᛐᚻᛁ;
ᚼᛏᛐ ᛁᚱ ᚦᚻᛁᚱᛋ ᚼᚤᛏᚱᛐ.

Lessons for Lovers (89-93)

89.

ᛒᚱᛋᛐᚾᚱᛒᛁᚻ ᛋᛁᚻᚾᚤ
ᚦᛏᛐᛐ ᛁ ᛒᚱᛁᛐᚾᛐ ᚤᛏᛁᛁ,
ᚼᚾᛋᛁ ᚼᛁᚱᚤᛒᚱᚾᚻᛐ,
ᚼᚻᛋᛐᛁ ᛏᚱᛋᚤᛋᛏᚾᚤ,
- ᚦᛁ ᛁᚱ ᛋᛏᚱ ᛏᛐᛐᛁᚱ,
ᛏᚤ ᛏᛁᚻ ᚤᛏᛏᚱ ᛒᚱᛋᛏᚻᚱ -,
ᚤᛏᚱᛋᛁ-ᛐ ᚤᛏᛏᚱ ᛋᚤᛋ ᛏᚱᛐᚤᚤᚱ
ᛏᛐ ᚦᛁᛋᛋᚾ ᛏᚱᚾᛁ ᚼᛐᛐᚾ.

90.

ᛋᚤᛋ ᛁᚱ ᚤᚱᛁᛏᚱ ᚤᚤᛏᛁᚻ,
ᚦᚻᛁᚱᛋ ᛁᚱ ᚤᛐᛁᛐᛐ ᚼᛐᚤᚤᛋᛁ,
ᛋᛁᚤ ᛏᛈᛁ ᛋᛏ ᛏᛒᚱᛋᛏᛏᚾᚤ
ᛐ ᛁᛋᛁ ᚼᛏᛐᚤ,
ᛐᛁᛐᚾᚤ, ᛐᚤᛋᚤᛏᛐᚱᚾᚤ
ᛏᚤ ᛋᛏ ᛐᛁᚤᚱ ᛁᛐᛐ,
ᚼᚱᛁᛁᛏ ᛁ ᚦᛁᚤᛋᛏᛐᛐ.

66

88.

Akri ársánum
trúi engi maðr
né til snemma syni,
- veðr ræðr akri.
en vit syni;
hætt er þeira hvárt.

Like the love of women whose
thoughts are lies
is the driving un-roughshod o'er
slippery ice
of a two year old, ill-tamed and gay;
or in a wild wind steering a helmless
ship,
or the lame catching reindeer in the
rime-thawed fell.

89.

Bróðurbana sínum
þótt á brautu mæti,
húsi hálfbrunnu,
hesti alskjótum,
- þá er jór ónýtr,
ef einn fótr brotnar -,
verði-t maðr svá tryggr
at þessu trúi öllu.

Now plainly I speak, since
both I have seen;
unfaithful is man to maid;
we speak them fairest when
thoughts are falsest
and wile the wisest of hearts.

90.

Svá er friðr kvenna,
þeira er flátt hyggja,
sem aki jó óbryddum
á ísi hálum,
teitum, tvévetrum
ok sé tamr illa,
eða í byr óðum
beiti stjórnlausu,
eða skyli haltr henda
hrein í þáfjalli.--

-- Let him speak soft words
and offer wealth
who longs for a woman's
love,
praise the shape of the
shining maid --
he wins who thus doth woo.

91.

ᛒᛁᚱᛏ ᛁᚹ ᛕᛁ ᚥᛏᚾᛁ,
ᚦᚹᛁ ᛁᛏ ᛁᚹ ᛒᛏᛁᛁ ᚥᛁᛁᛏ,
ᛒᚱᛁᚥᛏᚱ ᛁᚱ ᚥᛁᚱᛕ ᛝᚾᚦᚱ ᚥᛁᛕᚾᚥ;
ᛕᛁ ᚥᛁᚱ ᚥᛁᚥᚱᛕᛏ ᚥᛏᚾᚥ,
ᛁᚱ ᚥᛁᚱ ᚥᛏᛏᛕᛏ ᛝᛉᚥᚥᛢᚾᚥ:
ᚦᛁᛏ ᛏᛕᚾᛁᚱ ᛝᛁᚱᛉᚥᛏ ᛝᚾᚦᛁ.

92.

ᚥᛁᚥᚱᛏ ᛉᚥᛁᚲ ᚥᛏᚾ
ᛁᚹ ᚥᛁ ᛒᛢᛁᛕ,
ᛉᛁ ᛁᚱ ᚥᛁᛕᛕ ᚥᛏᛢᛁᛕᛉ ᛁᛉᛁ ᚥᛁ,
ᛕᚥᛁ ᛖᛁᚥᛉ
ᛁᛕᛉ ᛖᛢᛉᛉ ᚥᛏᛕᛉ,
ᛉᛁ ᚥᛁᚱ, ᛁᚱ ᚥᚱᛁᛕᚱ.

93.

ᛁᛉᛏᚱ ᚥᛁᚱᛉ
ᛉᚥᛉᛏ ᛁᛕᚥᛁ ᚥᛁᛁᚱ
ᛁᛕᛕᛁ ᛁᛖᚱᛁᚥᛁ;
ᛁᚥᛏ ᚥᛁ ᛁ ᛝᛁᚱᛉᚥᛁᛕ,
ᛁᚱ ᛁ ᛝᛁᚥᛉᚥᛁᛕ ᛕ ᚥᛁ,
ᛖᛉᛁᚥᛁᚥᚱᛁᚱ ᛕᛏᛁᚱ.

91.

Bert ek nú mæli,
því at ek bæði veit,
brigðr er karla hugr konum;
þá vér fegrst mælum,
er vér flást hyggjum:
þat tælir horska hugi.

-- Never a whit should one
blame another
whom love hath brought
into bonds:
oft a witching form will
fetch the wise
which holds not the heart of
fools.

92.

Fagrt skal mæla
ok fé bjóða,
sá er vill fljóðs ást fá,
líki leyfa
ins ljósa mans,
sá fær, er fríar.

Never a whit should one
blame another
for a folly which many befalls;
the might of love makes sons
of men
into fools who once were wise.

93.

Ástar firna
skyli engi maðr
annan aldregi;
oft fá á horskan,
er á heimskan né fá,
lostfagrir litir.

The mind knows alone what
is nearest the heart
and sees where the soul is
turned:
no sickness seems to the
wise so sore
as in nought to know
content.

Odin's Love Quests (94-100)

94.

ᛂᛦᚡᛁᛏᛆᚱ ᚠᛁᚱᚿᛆ
ᛂᚱ ᛘᛆᛑᚱ ᛆᚿᚿᛆᚿ ᛋᚴᛆᛚ,
ᚦᛂᛋᛋ ᛂᚱ ᚢᛘ ᛘᛆᚱᚵᛆᚿ ᚵᛂᚿᚵᚱ ᚵᚢᛘᛆ;
ᚼᛂᛁᛘᛋᚴᛆ ᚮᚱ ᚼᚮᚱᛋᚴᚢᛘ
ᚵᛂᚱᛁᚱ ᚼᚯᛚᛑᛆ ᛋᚮᚿᚢ
ᛋᛆ ᛁᚿᚿ ᛘᛆᛏᛏᚴᛁ ᛘᚢᚿᚱ.

95.

ᚼᚢᚵᚱ ᛂᛁᚿᚿ ᚦᛆᛏ ᚡᛂᛁᛏ,
ᛂᚱ ᛒᛦᚱ ᚼᛃᛆᚱᛏᛆ ᚿᛅᚱ,
ᛂᛁᚿᚿ ᛂᚱ ᚼᛆᚿᚿ ᛋᛂᚱ ᚮᚠ ᛋᛂᚠᛆ;
ᚯᚿᚵ ᛂᚱ ᛋᚮᛏᛏ ᚡᛂᚱᚱᛁ
ᚼᚡᛂᛁᛘ ᛋᚿᚮᛏᚱᚢᛘ ᛘᛆᚿᚿᛁ
ᛂᚿ ᛋᛂᚱ ᚯᚿᚵᚢ ᛆᛏ ᚢᚿᛆ.

96.

ᚦᛆᛏ ᛂᚴ ᚦᛆ ᚱᛂᛦᚿᛑᛆ,
ᛂᚱ ᛂᚴ ᛁ ᚱᛂᛦᚱᛁ ᛋᛆᛏ,
ᚮᚴ ᚡᛅᛏᛏᛆᚴ ᛘᛁᚿᛋ ᛘᚢᚿᛆᚱ;
ᚼᚮᛚᛑ ᚮᚴ ᚼᛃᛆᚱᛏᛆ
ᚡᛆᚱ ᛘᛂᚱ ᛁᚿ ᚼᚮᚱᛋᚴᛆ ᛘᛅᚱ;
ᚦᛂᛦᚵᛁ ᛂᚴ ᚼᛆᚿᛆ ᛆᛏ ᚼᛂᛚᛑᚱ ᚼᛂᚠᛁᚴ.

94.

Eyvitar firna
er maðr annan skal,
þess er um margan gengr
guma;
heimska ór horskum
gerir hölða sonu
sá inn máttki munr.

This once I felt when I sat
without
in the reeds, and looked for
my love;
body and soul of me was
that sweet maiden
yet never I won her as wife.

95.

Hugr einn þat veit,
er býr hjarta nær,
einn er hann sér of sefa;
öng er sótt verri
hveim snotrum manni
en sér engu at una.

Billing's daughter I found on
her bed,
fairer than sunlight sleeping,
and the sweets of lordship
seemed to me nought,
save I lived with that lovely
form.

96.

Þat ek þá reynda,
er ek í reyri sat,
ok vættak míns munar;
hold ok hjarta
var mér in horska mær;
þeygi ek hana at heldr hefik.

"Yet nearer evening come
thou, Odin,
if thou wilt woo a maiden:
all were undone save two
knew alone
such a secret deed of
shame."

97.

ᛒᛁᛚᛚᛁᛂᛈᛋ ᛃᛁᛅ
ᛁᛈ ᛈᛃᛁᚼ ᛒᛁᚨᚳᚾᛈ ᛁ
ᛋᛁᚾᚴᛈᛁᛁᚼ ᛋᛁᛈᛈᛋ;
ᚳᛁᚱᛚᛋ ᚴᛁᚼᛁ
ᛒᛁᛚᛚᛁ ᛃᛁᚱ ᛁᛈᛈᛋ ᛈᛁᚱᚼ
ᛋᛃᛈᛋ ᛈᛁᛁ ᛒᛁᛚ ᛚᛁᛈ ᛁᛁ ᛚᛁᛈᛋ.

98.

"ᛁᛚᛈᛈ ᚼᛁᚱ ᛁᛈᛁᛁ
ᛋᛈᛁᛗᛁᛚ, ᛁᛁᛁᛁᛁ, ᛈᛁᛈᛁ,
ᛁᛈ ᛈᛚ ᛈᛁᛗ ᛈᚱ ᛃᛁᛈᛁ ᛃᛁᛁ;
ᛁᛚᛗ ᛁᚱᛚ ᛁᛋᛈᛈᛒ,
ᛋᛃᛁ ᚼᛁᚼᚱ ᛈᛁᛁᛁ
ᛋᛚᛈᛈᛁ ᛚᛈᛋᛁ ᛋᛁᛃᛁᛁ."

99.

ᛁᛈᛁᚱ ᛁᛈ ᚴᛈᛁᚱᛈ
ᛁᛈ ᛚᛁᚼ ᛈᛁᛁᛁᛚᛃᛈ
ᛈᛁᛋᛚᛈ ᛈᛁᚱᛋ ᛈᚱᛁ;
ᚴᛁᛁᛁ ᛁᛈ ᚴᛚᛈᛈᛁ,
ᛁᛁ ᛁᛈ ᚴᛁᛈᛁ ᛃᛁᛁᚼ
ᛈᛁᛁ ᚴᛁᚼᚼᚱ ᛁᛚᛗ ᛁᛈ ᛈᛁᛃᛁᛁ.

Billings mey
ek fann beðjum á
sólhvíta sofa;
jarls ynði
þótti mér ekki vera
nema við þat lík at lifa.

So away I turned from my
wise intent,
and deemed my joy assured,
for all her liking and all her
love
I weened that I yet should
win.

98.

"Auk nær aftni
skaltu, Óðinn, koma,
ef þú vilt þér mæla man;
allt eru ósköp,
nema einir viti
slíkan löst saman."

When I came ere long the war
troop bold
were watching and waking all:
with burning brands and
torches borne
they showed me my sorrowful
way.

99.

Aftr ek hvarf
ok unna þóttumk
vísum vilja frá;
hitt ek hugða,
at ek hafa mynda
geð hennar allt ok gaman.

Yet nearer morning I went,
once more, --
the housefolk slept in the
hall,
but soon I found a barking
dog
tied fast to that fair maid's
couch.

100.

ᛋᚡᛆ ᚴᚯᛘ ᛂᚴ ᚿᛅᛋᛏ,
ᛆᛏ ᛁᚿ ᚿᛦᛏᛆ ᚡᛆᚱ
ᚡᛁᚵᛑᚱᚯᛏᛏ ᚯᛚᛚ ᚯᚠ ᚡᛆᚴᛁᚿ
ᛘᛂᛑ ᛒᚱᛂᚿᚿᛆᚿᛑᚢᛘ ᛚᛃᚯᛋᚢᛘ
ᚯᚴ ᛒᚯᚱᚿᚢᛘ ᚡᛁᛑᛁ,
ᛋᚡᛆ ᚡᛆᚱ ᛘᛂᚱ ᚡᛁᛚᛋᛏᛁᚴᚱ ᚯᚠ ᚡᛁᛏᛆᛑᚱ.

Odin's Quest after the Song Mead (101-108)

101.

ᛆᚢᚴ ᚿᛅᚱ ᛘᚯᚱᚵᚿᛁ,
ᛂᚱ ᛂᚴ ᚡᛆᚱ ᛂᚿᚿ ᚯᚠ ᚴᚯᛘᛁᚿᚿ,
ᚦᛆ ᚡᛆᚱ ᛋᛆᛚᛑᚱᚯᛏᛏ ᚯᚠ ᛋᚯᚡᛁᚿ;
ᚵᚱᛂᛦ ᛂᛁᛏᛏ ᛂᚴ ᚦᛆ ᚠᛆᚿᚿ
ᛁᚿᚿᛆᚱ ᚵᚯᛑᚢ ᚴᚯᚿᚢ
ᛒᚢᚿᛑᛁᛏ ᛒᛂᛑᛃᚢᛘ ᛆ.

102.

ᛘᚯᚱᚵ ᛂᚱ ᚵᛆᛑ ᛘᛅᚱ,
ᛂᚠ ᚵᚯᚱᚡᛆ ᚴᛆᚿᚿᛆᚱ,
ᚼᚢᚵᛒᚱᛁᚵᛑ ᚡᛁᛑ ᚼᛆᛚ;
ᚦᛆ ᛂᚴ ᚦᛆᛏ ᚱᛂᛦᚿᛑᛆ,
ᛂᚱ ᛁᛏ ᚱᛆᛑᛋᛔᛆᚴᛆ
ᛏᛂᛦᚵᛑᛆ ᛂᚴ ᛆ ᚠᛚᛅᚱᛑᛆᚱ ᚠᛚᛃᚯᛑ;
ᚼᛆᛑᚢᚿᚵᛆᚱ ᚼᚡᛂᚱᚱᛆᚱ
ᛚᛂᛁᛏᛆᛑᛁ ᛘᛂᚱ ᛁᛏ ᚼᚯᚱᛋᚴᛆ ᛘᛆᚿ,
ᚯᚴ ᚼᛆᚠᛑᛆ ᛂᚴ ᚦᛂᛋᛋ ᚡᛂᛏᛏᚴᛁ ᚡᛁᚠᛋ.

100.

Svá kom ek næst,
at in nýta var
vígdrótt öll of vakin
með brennandum ljósum
ok bornum viði,
svá var mér vílstígr of
vitaðr.

Many a sweet maid when one knows
her mind
is fickle found towards men:
I proved it well when that prudent
lass
I sought to lead astray:
shrewd maid, she sought me with
every insult
and I won therewith no wife.

101.

Auk nær morgni,
er ek var enn of
kominn,
þá var saldrótt of sofin;
grey eitt ek þá fann
innar góðu konu
bundit beðjum á.

In thy home be joyous and generous to
guests
discreet shalt thou be in thy bearing,
mindful and talkative, wouldst thou gain
wisdom,
oft making me mention of good.
He is "Simpleton" named who has
nought to say,
for such is the fashion of fools.

102.

Mörg er góð mær,
ef görva kannar,
hugbrigð við hali;
þá ek þat reynda,
er it ráðspaka
teygða ek á flærðir fljóð;
háðungar hverrar
leitaði mér it horska man,
ok hafða ek þess vettki vífs.

I sought that old Jötun, now
safe am I back,
little served my silence
there;
but whispering many soft
speeches I won
my desire in Suttung's halls.

103.

ᚻᛁᚤᚦ ᚠᚳᚦᛆᚱ ᚠᚾᚤᛁ
ᚦᚤ ᚠᛁᚦ ᚠᛉᛋᛁᛁ ᚱᛆᛁᚠᚱ,
ᛋᚢᚤᛆᚱ ᛋᚤᛃᛐ ᚾᚤ ᛋᛁᚠ ᚠᛆᚱᛃ,
ᚤᛁᛐᛁᚠᚱ ᚦᚤ ᚤᛁᚾᚤᚠᚱ,
ᚦᚤ ᚻᛆᛐ ᚠᛁᛐ ᚤᛁᚱᚠᚤᚱᛃᛆᚱ ᚠᛆᚱᛃ,
ᚦᚤᛁ ᛋᚤᛃᛐ ᚠᛃᛋ ᚠᛃᛁᛃ;
ᚠᛁᚤᛒᚢᚳᚤᛃᚤᛒᛁ ᚻᛁᛁᛁᚱ,
ᛋᛁ ᛁᚱ ᚠᛃᛁᛁ ᚠᛃᛁᛁ ᛋᛁᚤᛋᛁ,
ᛏᛁᛁ ᛁᚱ ᛁᛋᛁᛁᛁᚱᛋ ᛁᛁᚳ.

104.

ᛁᛁᛋ ᛁᛁᛉᛁ ᛋᚻᛁᚳᛁ ᚦᚤ ᛋᚻᛁᛁᛃ,
ᛁᚢ ᚦᚤ ᚦᚤ ᛁᚦᛃᚱ ᚦᚤ ᚠᛃᚤᛁᛁᛋ:
ᚠᛃᛁᛁ ᚠᛃᛁ ᚦᚤ ᛏᚻᚤᛋᛁᛁᛃ ᛏᚻᚱ;
ᚤᚻᚱᚠᚾᚤ ᛁᚱᛁᚾᚤ
ᚤᚻᛉᛁ ᚦᚤ ᛁ ᚤᛁᛁᛋ ᚠᚱᛁᚤᛁ
ᛁ ᛋᚳᛁᛁᚳᛁᚦᛋ ᛋᚻᚳᚤ.

105.

ᚠᚾᛁᛁᛁᛁᛁ ᚤᛁᚱ ᚦᚤ ᚠᛁᚤ
ᚠᚾᛐᛐᛁᚾᚤ ᛋᛁᛁᛁ ᛁ
ᛁᚱᛁᛉᚤ ᛁᛁᛋ ᛁᛁᚱᛃ ᚤᛋᛁᛁᚻᚱ;
ᛁᛐᛐ ᛁᛁᚦᛋᚻᛁᛁ
ᛁᛁ ᚦᚤ ᚻᛁᛁ ᚦᚤᛁᚱ ᚻᚤᛃ
ᛋᛁᛁᛋ ᛁᛁᛋ ᚻᛁᛁᛁ ᚻᚢᚤᛃᚱ,
ᛋᛁᛁᛋ ᛁᛁᛋ ᛋᚠᛁᛃᛃ ᛋᚤᛃᛁ.

76

103.

Heima glaðr gumi
ok við gesti reifr,
sviðr skal um sig vera,
minnigr ok málugr,
ef hann vill margfróðr vera,
oft skal góðs geta;
fimbulfambi heitir,
sá er fátt kann segja,
þat er ósnotrs aðal.

I bored me a road there with
Rati's tusk
and made room to pass
through the rock;
while the ways of the Jötuns
stretched over and under,
I dared my life for a
draught.

104.

Inn aldna jötun ek sótta,
nú em ek aftr of kominn:
fátt gat ek þegjandi þar;
mörgum orðum
mælta ek í minn frama
í Suttungs sölum.

'Twas Gunnlod who gave
me on a golden throne
a draught of the glorious
mead,
but with poor reward did I
pay her back
for her true and troubled
heart.

105.

Gunnlöð mér of gaf
gullnum stóli á
drykk ins dýra mjaðar;
ill iðgjöld
lét ek hana eftir hafa
síns ins heila hugar,
síns ins svára sefa.

In a wily disguise I worked
my will;
little is lacking to the wise,
for the Soul-stirrer now,
sweet Mead of Song,
is brought to men's earthly
abode.

106.

107.

108.

Rata munn
létumk rúms of fá
ok um grjót gnaga;
yfir ok undir
stóðumk jötna vegir,
svá hætta ek höfði til.

Vel keypts litar
hefi ek vel notit,
fás er fróðum vant,
því at Óðrerir
er nú upp kominn
á alda vés jaðar.

Ifi er mér á,
at ek væra enn kominn
jötna görðum ór,
ef ek Gunnlaðar né nytak,
innar góðu konu,
þeirar er lögðumk arm yfir.

106.

I misdoubt me if ever again
I had come
from the realms of the Jötun
race,
had I not served me of
Gunnlod, sweet woman,
her whom I held in mine
arms.

107.

Came forth, next day, the
dread Frost Giants,
and entered the High One's
Hall:
they asked -- was the
Baleworker back mid the
Powers,
or had Suttung slain him
below?

108.

A ring-oath Odin I trow had
taken --
how shall one trust his
troth?
'twas he who stole the mead
from Suttung,
and Gunnlod caused to
weep.

The Counseling of the Stray-Singer (109-137)

109.

ᛁᚾᛋ ᚷᛁᚼᛅᚱᛑ ᚼᛂᛋ
ᚠᛅᛂᛂᛏ ᚷᚱᛁᛦᛑᚢᚱᛋᛅᚱ
ᚷᛁᛂᛅ ᚱᛑᛏᛋ ᛏᛁ ᚠᚱᛁᛂᛅ
ᚷᛁᛂᛅ ᚷᛅᛏᛏᚢ ᛁ;
ᛏᛁ ᛒᛂᛏᛂᛅᚱᛂᛅ ᚦᛅᛁᚱ ᛋᛒᛑᚢᚱᛏᛁ,
ᛏᛂ ᚷᛅᛁᛂ ᚠᛏᚱᛁ ᛦᛏᛏ ᛒᛂᛂᛏᚾᛦ ᛂᛅᛦᛁᛂᛂ
ᛂᛂ ᚷᛁᛂᛅ ᚷᛁᛂᚾᛦ ᛋᚢᛏᛏᚾᛂᛂᚱ ᛏᛂ ᛋᛅᛁᛏ.

110.

ᛒᛁᚾᛂᛁᛏ ᛏᛂᛁᛂᛂ,
ᚷᛅᛂᚠ ᛏᛂ, ᛏᛁ ᚾᛂᛂᛁ ᚷᛁᛂᛁ;
ᚷᛂᛂᛁ ᛋᛂᛅᛏ ᚷᛁᛂᛋ ᛏᚱᛅᚠᛂᛂᛏᚾᛦ ᛏᚱᚾᛂ?
ᛋᚢᛏᛏᚾᛂᛂ ᛋᛂᛁᛂᛁᛂᛂ
ᚷᛁᛂᛂ ᚾᛂ ᛋᚢᛦᛒᛏᛁ ᚠᚱᛂ
ᛏᛂ ᚠᚱᛂᛏᛏᛂ ᚠᚾᛂᛂᛂᛏᛁ.

111.

ᛦᛅᛂ ᛂᚱ ᛏᛁ ᚦᛅᛏᛋᛂ
ᚦᚢᛂᛅᚱ ᛋᛏᛂᚾᛁ ᛏ
ᚾᚱᛅᛂᚱᛒᚱᚾᛂᛂ ᛏᛁ,
ᛋᛂ ᛏᛂ ᛏᛂ ᚦᛁᛂᛂᚼᛂ,
ᛋᛂ ᛏᛂ ᛏᛂ ᚷᚾᛂᛂᛂ,
ᚷᚱᛅᛏᛂ ᛏᛂ ᛏ ᛦᛁᛂᛂ ᛦᛅᛂ;
ᛏᛂ ᚱᚾᚼᚱ ᚷᛅᚱᛂ ᛏᛂ ᛂᛦᛂ,
ᛂ ᛏᛂ ᚱᛏᛂᚾᛦ ᚦᛂᛂᛂᚾ
ᚷᛁᛂᛅ ᚷᛅᛏᛏᚾ ᛏᛁ,
ᚷᛁᛂᛅ ᚷᛅᛏᛏᚾ ᛁ,
ᚷᛅᛅᚱᛂ ᛏᛂ ᛋᛁᛂᛋᛅ ᛋᛂᛅ:

109.

Ins hindra dags
gengu hrímþursar
Háva ráðs at fregna
Háva höllu í;
at Bölverki þeir spurðu,
ef hann væri með böndum
kominn
eða hefði hánum Suttungr
of sóit.

'Tis time to speak from the
Sage's Seat;
hard by the Well of Weird
I saw and was silent, I saw
and pondered,
I listened to the speech of
men.

110.

Baugeið Óðinn,
hygg ek, at unnit hafi;
hvat skal hans tryggðum
trúa?
Suttung svikinn
hann lét sumbli frá
ok grætta Gunnlöðu.

Of runes they spoke, and the
reading of runes
was little withheld from their
lips:
at the High One's hall, in the
High One's hall,
I thus heard the High One say:

111.

Mál er at þylja
þular stóli á
Urðarbrunni at,
sá ek ok þagðak,
sá ek ok hugðak,
hlýdda ek á manna mál;
of rúnar heyrða ek dæma,
né of ráðum þögðu
Háva höllu at,
Háva höllu í,
heyrða ek segja svá:

I counsel thee, Stray-Singer,
accept my counsels,
they will be thy boon if thou
obey'st them,
they will work thy weal if
thou win'st them:
rise never at nighttime,
except thou art spying
or seekest a spot without.

112.

Rⵑⴺⵏⵕⵕ ⴹⵕR, ⴹⵕRⵕⵕⵕⵕR,
ⵕ ⴸⵕ Rⵕⵕ ⵕⵕⵕR, -
ⵕⵕⵕⵕ ⵕⵕⵕⵕ, ⵕⵕ ⴸⵕ ⵕⵕR,
ⴹⵕR ⵕⵕⵕⵕ ⵕⵕⵕ, ⵕⵕ ⴸⵕ ⵕⵕⵕR -:
ⵕⵕⵕ ⴸⵕ Rⵕⵕⵕ
ⵕⵕⵕ ⵕ ⵕⵕⵕⵕ ⵕⵕⵕR
ⵕⵕ ⴸⵕ ⵕⵕⵕⵕR ⴹⵕR ⵕⵕⵕⵕ ⵕ ⵕⵕⵕⵕR.

113.

Rⵑⴺⵏⵕⵕ ⴹⵕR, ⴹⵕRⵕⵕⵕⵕR,
ⵕ ⴸⵕ Rⵕⵕ ⵕⵕⵕR, -
ⵕⵕⵕⵕ ⵕⵕⵕⵕ, ⵕⵕ ⴸⵕ ⵕⵕR,
ⴹⵕR ⵕⵕⵕⵕ ⵕⵕⵕ, ⵕⵕ ⴸⵕ ⵕⵕⵕR -:
ⵕⵕⵕⵕⵕⵕⵕⵕⵕRⵕ ⵕⵕⵕ
ⵕⵕⵕ-ⵕⵕ-ⵕⵕ ⵕ ⵕⵕⵕⵕ ⵕⵕⵕ,
ⵕⵕⵕ ⵕ ⵕⵕ ⵕⵕⵕ ⴹⵕⵕ ⵕⵕⵕⵕ.

114.

ⵕⵕ ⵕⵕⵕ ⵕⵕRⵕR,
ⵕ ⴸⵕ ⵕⵕⵕR ⵕⵕⵕ
ⴹⵕⵕⵕ ⵕ ⴹⵕⵕⵕⵕ ⵕⵕⵕ;
ⵕⵕ ⴸⵕ ⵕⵕⵕ-ⵕⵕ
ⵕ ⵕⵕⵕⵕⵕⵕ ⵕⵕⵕ,
ⵕⵕRR ⴸⵕ ⵕⵕRⵕⵕⵕⵕⵕ ⵕ ⵕⵕⵕ.

112.

Ráðumk þér, Loddfáfnir,
en þú ráð nemir, -
njóta mundu, ef þú nemr,
þér munu góð, ef þú getr -:
nótt þú rís-at
nema á njósn séir
eða þú leitir þér innan út
staðar.

I counsel thee, Stray-Singer,
accept my counsels,
they will be thy boon if thou
obey'st them,
they will work thy weal if thou
win'st them:
thou shalt never sleep in the
arms of a sorceress,
lest she should lock thy limbs;

113.

Ráðumk þér, Loddfáfnir,
en þú ráð nemir, -
njóta mundu, ef þú nemr,
þér munu góð, ef þú getr -:
fjölkunnigri konu
skal-at-tu í faðmi sofa,
svá at hon lyki þik liðum.

So shall she charm that thou
shalt not heed
the council, or words of the
king,
nor care for thy food, or the
joys of mankind,
but fall into sorrowful sleep.

114.

Hon svá gerir,
at þú gáir eigi
þings né þjóðans máls;
mat þú vill-at
né mannskis gaman,
ferr þú sorgafullr at sofa.

I counsel thee, Stray-Singer,
accept my counsels,
they will be thy boon if thou
obey'st them,
they will work thy weal if
thou win'st them:
seek not ever to draw to
thyself
in love-whispering another's
wife.

115.

ᚱᛅᛏᛁᛉᛈ ᚦᛁᚱ, ᛘᛅᛏᛈᛅᛈᚼᛁᚱ,
ᚼ ᚦᛁᛏ ᚱᛅᛏ ᚼᛁᛉᛁᚱ, –
ᛁᛋᛅᛏᚼ ᛁᛉᛁᛏᛁᛏ, ᛏᛈ ᚦᛁᛏ ᚼᛁᛉᚱ,
ᚦᛁᚱ ᛁᛉᛁᛏᛁ ᛈᛅᛏ, ᛏᛈ ᚦᛁᛏ ᛈᛅᛏᚱ –:
ᛏᛁᚼᚼᚱᛋ ᛈᛅᛁᛏ
ᛏᛅᛈᛏᛁᛏ ᚦᛁᚱ ᛏᛘᛅᚱᛁᛈᛁ
ᛏᛅᚱᛅᚱᛁᛏᛁᛏ ᛏᛏ.

116.

ᚱᛅᛏᛁᛉᛈ ᚦᛁᚱ, ᛘᛅᛏᛈᛅᛈᚼᛁᚱ,
ᚼ ᚦᛁᛏ ᚱᛅᛏ ᚼᛁᛉᛁᚱ, –
ᛁᛋᛅᛏᚼ ᛁᛉᛁᛏᛁᛏ, ᛏᛈ ᚦᛁᛏ ᚼᛁᛉᚱ,
ᚦᛁᚱ ᛁᛉᛁᛏᛁ ᛈᛅᛏ, ᛏᛈ ᚦᛁᛏ ᛈᛅᛏᚱ –:
ᛅ ᛈᛋᛅᛏᛏᛏ ᛁᚼ ᛈᛁᚱᛅᛁ,
ᛏᛈ ᚦᛁᛈ ᛈᛅᚱᛅ ᛏᛁᚼᛁᚱ,
ᛈᛅᛋᛈᛏᛏ ᛏᛏ ᛈᛁᚱᛅᛁ ᛈᛅᛏ.

117.

ᚱᛅᛏᛁᛉᛈ ᚦᛁᚱ, ᛘᛅᛏᛈᛅᛈᚼᛁᚱ,
ᚼ ᚦᛁᛏ ᚱᛅᛏ ᚼᛁᛉᛁᚱ, –
ᛁᛋᛅᛏᚼ ᛁᛉᛁᛏᛁᛏ, ᛏᛈ ᚦᛁᛏ ᚼᛁᛉᚱ,
ᚦᛁᚱ ᛁᛉᛁᛏᛁ ᛈᛅᛏ, ᛏᛈ ᚦᛁᛏ ᛈᛅᛏᚱ –:
ᛁᛏᛘᛁ ᛁᛅᛁᛏ
ᛘᛏᛏᛏ ᛏᛘᛅᚱᛁᛈᛁ
ᛅᚼᛅᛒᛒ ᛏᛏ ᚦᛁᚱ ᛈᛏᛁᛏ,
ᚦᛈᛁ ᛏᛏ ᛏᛈ ᛁᛏᛏᛏᛁ ᛁᛅᛁᛏᛁ
ᛈᛅᚱ ᚦᛁ ᛏᛘᛅᚱᛁᛈᛁ
ᛈᛋᛅᛘ ᛁᛏᛋ ᛈᛅᛁᚼ ᚼᛁᛈᛅᚱ.

115.

Ráðumk þér, Loddfáfnir,
en þú ráð nemir, -
njóta mundu, ef þú nemr,
þér munu góð, ef þú getr -:
annars konu
teygðu þér aldregi
eyrarúnu at.

I counsel thee, Stray-Singer,
accept my counsels,
they will be thy boon if thou
obey'st them,
they will work thy weal if
thou win'st them:
should thou long to fare
over fell and firth
provide thee well with food.

116.

Ráðumk þér, Loddfáfnir,
en þú ráð nemir, -
njóta mundu, ef þú nemr,
þér munu góð, ef þú getr -:
á fjalli eða firði,
ef þik fara tíðir,
fásktu at virði vel.

I counsel thee, Stray-Singer,
accept my counsels,
they will be thy boon if thou
obey'st them,
they will work thy weal if thou
win'st them:
tell not ever an evil man
if misfortunes thee befall,
from such ill friend thou needst
never seek
return for thy trustful mind.

117.

Ráðumk þér, Loddfáfnir,
en þú ráð nemir, -
njóta mundu, ef þú nemr,
þér munu góð, ef þú getr -:
illan mann
láttu aldregi
óhöpp at þér vita,
því at af illum manni
fær þú aldregi
gjöld ins góða hugar.

Wounded to death, have I
seen a man
by the words of an evil
woman;
a lying tongue had bereft
him of life,
and all without reason of
right.

118.

ᚮᚠᛆᚱᛚᛆ ᛒᛁᛏᛆ
ᛂᚴ ᛋᛆ ᛂᛁᚿᚢᛘ ᚼᛆᛚ
ᚮᚱᚦ ᛁᛚᛚᚱᛆᚱ ᚴᚮᚿᚢ;
ᚠᛚᛆᚱᛆᚦ ᛏᚢᚿᚵᛆ
ᚡᛆᚱᚦ ᚼᛆᚿᚢᛘ ᛆᛏ ᚠᛁᚯᚱᛚᛆᚵᛁ
ᚮᚴ ᚦᛂᛦᚵᛁ ᚮᚠ ᛋᛆᚿᚿᛆ ᛋᚯᚴ.

119.

ᚱᛆᚦᚢᛘᚴ ᚦᛂᚱ, ᛚᚮᛑᛑᚠᛆᚠᚿᛁᚱ,
ᛂᚿ ᚦᚢ ᚱᛆᚦ ᚿᛂᛘᛁᚱ, -
ᚿᛁᚮᛏᛆ ᛘᚢᚿᛑᚢ, ᛂᚠ ᚦᚢ ᚿᛂᛘᚱ,
ᚦᛂᚱ ᛘᚢᚿᚢ ᚵᚮᚦ, ᛂᚠ ᚦᚢ ᚵᛂᛏᚱ -:
ᚡᛂᛁᛋᛏᚢ, ᛂᚠ ᚦᚢ ᚡᛁᚿ ᛆᛏᛏ,
ᚦᛆᚿᚿ ᛂᚱ ᚦᚢ ᚡᛂᛚ ᛏᚱᚢᛁᚱ,
ᚠᛆᚱ ᚦᚢ ᛆᛏ ᚠᛁᚿᚿᛆ ᚮᛔᛏ,
ᚦᚡᛁ ᛆᛏ ᚼᚱᛁᛋᛁ ᚡᛂᛪ
ᚮᚴ ᚼᛆᚡᚢ ᚵᚱᛆᛋᛁ
ᚡᛂᚵᚱ, ᛂᚱ ᚡᛅᛏᚴᛁ ᛏᚱᛂᚦᚱ.

120.

ᚱᛆᚦᚢᛘᚴ ᚦᛂᚱ, ᛚᚮᛑᛑᚠᛆᚠᚿᛁᚱ,
ᛂᚿ ᚦᚢ ᚱᛆᚦ ᚿᛂᛘᛁᚱ, -
ᚿᛁᚮᛏᛆ ᛘᚢᚿᛑᚢ, ᛂᚠ ᚦᚢ ᚿᛂᛘᚱ,
ᚦᛂᚱ ᛘᚢᚿᚢ ᚵᚮᚦ, ᛂᚠ ᚦᚢ ᚵᛂᛏᚱ -:
ᚵᚮᚦᛆᚿ ᛘᛆᚿᚿ
ᛏᛂᛦᚵᚦᚢ ᚦᛂᚱ ᛆᛏ ᚵᛆᛘᛆᚿᚱᚢᚿᚢᛘ
ᚮᚴ ᚿᛂᛘ ᛚᛁᚴᚿᛆᚱᚵᛆᛚᛑᚱ, ᛘᛂᚦᛆᚿ ᚦᚢ ᛚᛁᚠᛁᚱ.

118.

Ofarla bíta
ek sá einum hal
orð illrar konu;
fláráð tunga
varð hánum at fjörlagi
ok þeygi of sanna sök.

I counsel thee, Stray-Singer,
accept my counsels, they will be
thy boon if thou obey'st them,
they will work thy weal if thou
win'st them: hast thou a friend
whom thou trustest well, fare
thou to find him oft; for with
brushwood grows and with
grasses high the path where no
foot doth pass.

119.

Ráðumk þér, Loddfáfnir,
en þú ráð nemir, -
njóta mundu, ef þú nemr,
þér munu góð, ef þú getr -:
veistu, ef þú vin átt,
þann er þú vel trúir,
far þú at finna oft,
því at hrísi vex
ok hávu grasi
vegr, er vættki treðr.

I counsel thee, Stray-Singer,
accept my counsels,
they will be thy boon if thou
obey'st them,
they will work thy weal if
thou win'st them:
in sweet converse call the
righteous to thy side,
learn a healing song while
thou livest.

120.

Ráðumk þér, Loddfáfnir,
en þú ráð nemir, -
njóta mundu, ef þú nemr,
þér munu góð, ef þú getr -:
góðan mann
teygðu þér at gamanrúnum
ok nem líknargaldr, meðan
þú lifir.

I counsel thee, Stray-Singer,
accept my counsels, they will be
thy boon if thou obey'st them,
they will work thy weal if thou
win'st them:
be never the first with friend of
thine to break the bond of
fellowship; care shall gnaw thy
heart if thou canst not tell all thy
mind to another.

121.

ᛦᛏᚾᛦᛆ ᚦᛁᚱ, ᛁᛏᛁᛆᛆᛐᚼᛁᚱ,
ᛁᛁ ᚦᚫ ᛦᛆᛏ ᚼᛆᛁᚱ, –
ᚴᛋᛆᛁ ᛆᚾᛁᛁᚫ, ᛁᛐ ᚦᚫ ᚼᛆᚱ,
ᚦᛁᚱ ᛆᚾᛁᚫ ᛐᛆᛏ, ᛁᛐ ᚦᚫ ᛐᛁᛁᚱ –:
ᛐᛁᛁ ᚦᛁᚴᚾᛆ
ᛐᛆᚱ ᚦᚫ ᛏᛁᚱᛁᛐᛁ
ᛐᛆᚱᚱᛁ ᛁᛁ ᛐᛁᛆᚾᛆᛋᚾᛆᚫᛆ;
ᛋᛆᚱᛐ ᛁᚱ ᛈᛋᛁᚱᛁᛁ,
ᛁᛐ ᚦᚫ ᛋᛁᛐᛋᛆ ᛁ ᚼᛁᚱ
ᛁᛁᛈᛐᛆᚱᛋᚫᛆ ᛏᛁᛁᛁ ᛈᚫᛐ.

122.

ᛦᛏᚾᛦᛆ ᚦᛁᚱ, ᛁᛏᛁᛆᛆᛐᚼᛁᚱ,
ᛁᛁ ᚦᚫ ᛦᛆᛏ ᚼᛆᛁᚱ, –
ᚴᛋᛆᛁ ᛆᚾᛁᛁᚫ, ᛁᛐ ᚦᚫ ᚼᛆᚱ,
ᚦᛁᚱ ᛆᚾᛁᚫ ᛐᛆᛏ, ᛁᛐ ᚦᚫ ᛐᛁᛁᚱ –:
ᛏᛦᛏᚾᛆ ᛋᛁᛁᛒᛁᛁ
ᚦᚫ ᛋᛁᛐᛘ ᛏᛁᚱᛁᛐᛁ
ᛐᛁᛏ ᛏᛋᛁᛁᛁᛁ ᛏᛒᛁ,

123.

ᚦᛐᛁ ᛁᛁ ᛏᛐ ᛁᛐᛏᚾᛆ ᛆᛁᛁᛁ
ᛆᚾᛁᛁᚫ ᛏᛁᚱᛁᛐᛁ
ᛐᛆᛏᛋ ᛁᛁᛁᛁ ᛏᛐ ᛐᛆᛁ,
ᛁᛁ ᛐᛆᛏᚱ ᛆᛏᛆᚱ
ᛆᚾᛁ ᚦᛁᛐ ᛐᛆᚱᛐᛆ ᛆᛁᛐᛆ
ᛁᛐᛁᛐᛆᛋᛁᛁᛁ ᛁᛁ ᛁᛐᛁ.

121.

Ráðumk þér, Loddfáfnir,
en þú ráð nemir, -
njóta mundu, ef þú nemr,
þér munu góð, ef þú getr -:
vin þínum
ver þú aldregi
fyrri at flaumslitum;
sorg etr hjarta,
ef þú segja né náir
einhverjum allan hug.

I counsel thee, Stray-Singer,
accept my counsels,
they will be thy boon if
thou obey'st them,
they will work thy weal if
thou win'st them:
never in speech with a
foolish knave
shouldst thou waste a single
word.

122.

Ráðumk þér, Loddfáfnir,
en þú ráð nemir, -
njóta mundu, ef þú nemr,
þér munu góð, ef þú getr -:
orðum skipta
þú skalt aldregi
við ósvinna apa,

From the lips of such thou
needst not look
for reward of thine own
good will;
but a righteous man by
praise will render thee
firm in favour and love.

123.

Því at af illum manni
mundu aldregi
góðs laun of geta,
en góðr maðr
mun þik gerva mega
líknfastan at lofi.

There is mingling in
friendship when man can
utter
all his whole mind to
another;
there is nought so vile as a
fickle tongue;
no friend is he who but
flatters.

124.

ᚴᛁᛈᛋᚾᛦ ᛁᚱ ᛈᛁ ᛒᚾᛁᛋᚼᛏ,
*ᛈᛅᚱ ᛁᚱ ᚴᛁᛈᛋᛁ ᚱᛅᛅᚱ
ᚼᛁᚼᚾᛦ ᛏᚱᚾᛁ *ᚾᛈᛈ;
ᛏᚾᛙ ᛁᚱ ᛒᛅᛏᚱᛅ
ᚼ ᛋᛁ ᛒᚱᛁᛈᛈᚾᛦ ᛏᛏ ᛈᛅᚱᛅ;
ᛁᚱ-ᛏ ᛋᛁ ᛈᛁᚼᚱ *ᛅᚱᚾᛦ, ᛁᚱ ᛈᛙᛙ ᚼᛏᛏ ᚴᛁᛈᛁᚱ.

125.

ᚱᛅᛏᚾᛦᛈ, ᛈᚼᚱ ᛘᛅᛏᛈᛋᛈᚼᛁᚱ,
ᚼ ᛈᚾ ᚱᛏ ᚼᛦᛁᚱ, -
ᛁᛋᛅᛏᚼ ᛦᚾᛁᛅᚾ, ᛁᛈ ᛈᚾ ᚼᛦᚱ,
ᛈᚼᚱ ᛦᚾᛁᚾ ᛈᛏ, ᛁᛈ ᛈᚾ ᛈᚼᛁᚱ -:
ᛈᚱᛁᛦᚱ ᛅᚱᛅᚾᛦ ᛋᚼᚼᛋ
ᚴᛈᛁᛚ-ᛏᛏ-ᛏᚾ ᛈᚼᚱ ᛈᛏᛏ ᛈᛅᚱᚱᛅ ᛦᛅᚼᚼ
ᛅᛈᛙ ᛁᚼ ᛒᛅᛏᚱᛅ ᛒᛁᛘᚱ,
ᛈᛁ ᛁᚱ ᛁᚼ ᛈᛅᚱᚱᛅ ᛈᛅᛈᚱ.

126.

ᚱᛅᛏᚾᛦᛈ ᛈᚼᚱ, ᛘᛅᛏᛈᛋᛈᚼᛁᚱ,
ᚼ ᛈᚾ ᚱᛏ ᚼᛦᛁᚱ, -
ᛁᛋᛅᛏᚼ ᛦᚾᛁᛅᚾ, ᛁᛈ ᛈᚾ ᚼᛦᚱ,
ᛈᚼᚱ ᛦᚾᛁᚾ ᛈᛏ, ᛁᛈ ᛈᚾ ᛈᚼᛁᚱ -:
ᚴᛈᛅᚴᛦᛁᛅᚱ ᛈᚾ ᛈᛅᚱᛁᚱ
ᚼ ᚴᛈᛈᛙᛁᚴᛦᛁᛅᚱ,
ᚼᛦᛅ ᛈᚾ ᚴᛋᛁᛚᛈᚾᛦ ᛈᚼᚱ ᚴᛁᚱ:
ᚴᛈᛅᚱ ᛁᚱ ᚴᛈᛅᛒᛁᛅᚱ ᛁᛚᛙ
ᛁᚼ ᚴᛈᛁᛈᛙ ᛋᛁ ᚱᛁᚼᛙ,
ᛈᛁ ᛁᚱ ᛈᚼᚱ ᛒᛅᛚᛋ ᛒᛅᛏᛏ.

Sifjum er þá blandat,
hver er segja ræðr
einum allan hug;
allt er betra
en sé brigðum at vera;
er-a sá vinr öðrum, er vilt
eitt segir.

Ráðumk, þér Loddfáfnir,
en þú ráð nemir, -
njóta mundu, ef þú nemr,
þér munu góð, ef þú getr -:
þrimr orðum senna
skal-at-tu þér við verra
mann
oft inn betri bilar,
þá er inn verri vegr.

Ráðumk þér, Loddfáfnir,
en þú ráð nemir, -
njóta mundu, ef þú nemr,
þér munu góð, ef þú getr -:
skósmiðr þú verir
né skeftismiðr,
nema þú sjalfum þér séir:
skór er skapaðr illa
eða skaft sé rangt,
þá er þér böls beðit.

124.

I counsel thee, Stray-Singer,
accept my counsels,
they will be thy boon if
thou obey'st them, they will
work thy weal if thou win'st
them: oft the worst lays the
best one low.

125.

I counsel thee, Stray-Singer,
accept my counsels, they will
be thy boon if thou obey'st
them, they will work thy weal
if thou win'st them: be not a
shoemaker nor yet a shaft
maker
save for thyself alone:
let the shoe be misshapen, or
crooked the shaft, and a curse
on thy head will be called.

126.

I counsel thee, Stray-Singer,
accept my counsels,
they will be thy boon if thou
obey'st them, they will work
thy weal if thou win'st
them: when in peril thou
seest thee, confess thee in
peril, nor ever give peace to
thy foes.

ᚱᚻᛁᚾᚤᛏ ᚦᛁᚱ, ᛗᛏᛏᛏᚤᛏᛒᚻᛁᚱ,
ᚻ ᚦᚢ ᚱᚻᛏ ᚻᚤᛁᚱ, –
ᚴᛋᚻᛏᚻ ᚤᚢᚻᛏᚢ, ᛁᛈ ᚦᚢ ᚻᚤᚱ,
ᚦᛁᚱ ᚤᚢᚻᚢ ᛈᚻᛏ, ᛁᛈ ᚦᚢ ᛈᛗᚱ –:
ᛉᛈᚤᚱᛋ ᚦᚢ ᛒᛁᛚ ᛈᚻᚻᛗ,
ᛈᛈᛏᛏ ᚦᚢ ᚦᛁᚱ ᛒᛁᛚᛈᛁ ᚻᛁ
ᛁᛈ ᛈᛁᛈ–ᛁᛁ ᚦᛁᚻᚾᚤ ᛈᛋᚻᛁᚾᚤ ᛈᚱᛁᛏ.

ᚱᚻᛁᚾᚤᛏ ᚦᛁᚱ, ᛗᛏᛏᛏᚤᛏᛒᚻᛁᚱ,
ᚻ ᚦᚢ ᚱᚻᛏ ᚻᚤᛁᚱ, –
ᚴᛋᚻᛏᚻ ᚤᚢᚻᛏᚢ, ᛁᛈ ᚦᚢ ᚻᚤᚱ,
ᚦᛁᚱ ᚤᚢᚻᚢ ᛈᚻᛏ, ᛁᛈ ᚦᚢ ᛈᛗᚱ –:
ᛁᛏᛏᚢ ᛈᛏᛈᛁᚻ
ᛈᛁᚱ ᚦᚢ ᛏᛗᚱᛁᛈᛁ,
ᚻ ᛗᛏ ᚦᛁᚱ ᛁᛏ ᛈᛏᛏᚢ ᛈᛗᛏᛏᛏ.

ᚱᚻᛁᚾᚤᛏ ᚦᛁᚱ, ᛗᛏᛏᛏᚤᛏᛒᚻᛁᚱ,
ᚻ ᚦᚢ ᚱᚻᛏ ᚻᚤᛁᚱ, –
ᚴᛋᚻᛏᚻ ᚤᚢᚻᛏᚢ, ᛁᛈ ᚦᚢ ᚻᚤᚱ,
ᚦᛁᚱ ᚤᚢᚻᚢ ᛈᚻᛏ, ᛁᛈ ᚦᚢ ᛈᛗᚱ –:
ᚢᛒᛒ ᛗᛏᚻ
ᛋᛈᛈᛚᛁ–ᛁᛁ–ᛏᚢ ᛁ ᛏᚱᚱᚢᛋᛏᚢ,
– ᛈᛋᚻᛗᛁ ᛈᛏᛈᛁᚱ
ᛈᛏᚱᚻ ᛈᚢᚤᚻ ᛋᛏᚻᛁᚱ, –
ᛋᛁᛏᚱ ᚦᛁᛏᛏ ᛁᛈ ᛉᛁᛏᛏ ᛉᛏᚢᚱ.

127.

Ráðumk þér, Loddfáfnir,
en þú ráð nemir, -
njóta mundu, ef þú nemr,
þér munu góð, ef þú getr -:
hvars þú böl kannt,
kveð þú þér bölvi at
ok gef-at þínum fjándum
frið.

I counsel thee, Stray-Singer,
accept my counsels, they
will be thy boon if thou
obey'st them, they will work
thy weal if thou win'st
them: rejoice not ever at
tidings of ill, but glad let thy
soul be in good.

128.

Ráðumk þér, Loddfáfnir,
en þú ráð nemir, -
njóta mundu, ef þú nemr,
þér munu góð, ef þú getr -:
illu feginn
ver þú aldregi,
en lát þér at góðu getit.

I counsel thee, Stray-Singer,
accept my counsels, they
will be thy boon if thou
obey'st them, they will work
thy weal if thou win'st
them: look not up in battle,
when men are as beasts, lest
the wights bewitch thee with
spells.

129.

Ráðumk þér, Loddfáfnir,
en þú ráð nemir, -
njóta mundu, ef þú nemr,
þér munu góð, ef þú getr -:
upp líta
skal-at-tu í orrustu,
- gjalti glíkir
verða gumna synir, -
síðr þitt of heilli halir.

I counsel thee, Stray-Singer,
accept my counsels, they will
be thy boon if thou obey'st
them, they will work thy weal
if thou win'st them: wouldst
thou win joy of a gentle
maiden, and lure to whispering
of love, thou shalt make fair
promise, and let it be fast, –
none will scorn their weal who
can win it.

130.

ᚱᛐᚳᚿᛘᛘ ᛞᛁᚱ, ᚳᛐᛐᛙᛐᛙᛘᛁᚱ,
ᛁᛁ ᚦᚳ ᚱᛐᛐ ᚺᛘᛁᚱ, -
ᛁᛇᛐᛐᛁ ᛘᚳᛁᛐᚳ, ᛐᛙ ᚦᚳ ᚺᛘᚱ,
ᛞᛁᚱ ᛘᚳᛁᚳ ᛙᛐᛐ, ᛐᛙ ᚦᚳ ᛙᛐᛁᚱ -:
ᛐᛙ ᚦᚳ ᛙᛁᛗ ᛞᛁᚱ ᛙᛐᛁ ᛙᛐᛁᚳ
ᛙᛙᛐᛁᛇᛐ ᛐᛐ ᛙᛐᛘᛐᚱᚳᛁᚳᛘ
ᛐᛙ ᛙᛐ ᛙᛐᛙᛐᚳᛐ ᛐᛙ,
ᛙᛐᛙᚱᚳ ᛌᛙᛐᛙᚳ ᛨᛁᛐᛐ
ᛐᛙ ᛐᛐᛐ ᛙᛐᛌᛐ ᛙᛐᚱᛐ;
ᚳᛁᛐᛁᛌᛙ ᛘᛐᛁᛐᛙᛐ ᛙᛐᛐᛐ, ᛐᛙ ᛙᛐᚱ.

131.

ᚱᛐᚳᛘᛘ ᛞᛁᚱ, ᚳᛐᛐᛙᛐᛙᛘᛁᚱ,
ᛁᛁ ᚦᚳ ᚱᛐᛐ ᚺᛘᛁᚱ, -
ᛁᛇᛐᛐᛁ ᛘᚳᛁᛐᚳ, ᛐᛙ ᚦᚳ ᚺᛘᚱ,
ᛞᛁᚱ ᛘᚳᛁᚳ ᛙᛐᛐ, ᛐᛙ ᚦᚳ ᛙᛐᛁᚱ -:
ᛙᛐᚱᛐᛐ ᛒᛁᛐ ᛐᛙ ᛞᛁᛙ ᛙᛐᚱᛐ
ᛐᛙ ᛐᛁᛙᛁ ᛐᛙᛙᛐᚱᛐᛁ;
ᛙᛐᚱ ᚦᚳ ᛙᛁᛐ ᛐᚱ ᛙᛐᚱᛐᛌᛐᚱ
ᛐᛙ ᛙᛁᛐ ᛐᛁᚺᚱᛌ ᛙᛐᛁᚳ
ᛐᛙ ᛙᛁᛐ ᛞᛐᛐ ᛁᛐ ᛞᚱᛁᛐᛇᛐ,
ᛐᛐ ᛞᛇᛙᛙᛐᚱ ᚺ ᚳᛁᛙᛁ.

130.

(runic verse)

131.

(runic verse)

130.

Ráðumk þér, Loddfáfnir,
en þú ráð nemir, -
njóta mundu, ef þú nemr,
þér munu góð, ef þú getr -:
ef þú vilt þér góða konu
kveðja at gamanrúnum
ok fá fögnuð af,
fögru skaltu heita
ok láta fast vera;
leiðisk manngi gótt, ef getr.

I counsel thee, Stray-Singer,
accept my counsels,
they will be thy boon if
thou obey'st them,
they will work thy weal if
thou win'st them:
I pray thee be wary, yet not
too wary,
be wariest of all with ale,
with another's wife, and a
third thing eke,
that knaves outwit thee
never.

131.

Ráðumk þér, Loddfáfnir,
en þú ráð nemir, -
njóta mundu, ef þú nemr,
þér munu góð, ef þú getr -:
varan bið ek þik vera
ok eigi ofvaran;
ver þú við öl varastr
ok við annars konu
ok við þat it þriðja,
at þjófar né leiki.

I counsel thee, Stray-Singer,
accept my counsels,
they will be thy boon if thou
obey'st them,
they will work thy weal if
thou win'st them:
hold not in scorn, nor mock
in thy halls
a guest or wandering wight.

132.

ᚱᛤᚿᚤᛈ ᚦᛇᚱ, ᛘᛤᛈᛈᛈᚻᛇᚱ,
ᚻ ᚦᚿ ᚱᛤᛈ ᚻᚤᛇᚱ, -
ᛣᛤᛈᛈ ᚤᚿᛣᛈᚿ, ᛈᛈ ᚦᚿ ᚻᚤᚱ,
ᚦᛇᚱ ᚤᚿᛣᚿ ᛈᛈᛈ, ᛈᛈ ᚦᚿ ᛈᛈᛇᚱ -:
ᛈᛈ ᚼᛈᛈ ᚻ ᚼᛈᛈᚱᛁ
ᚼᛈᛈᚿ ᛈᛈᚱᛈᛈ
ᛈᛈᛈ ᚻ ᛈᛈᛈᛈᛈ.

133.

ᛈᛈᛈ ᛈᛈᛈ ᛈᛈᛇᚱᛈ,
ᚦᛇᚱ ᛁᚱ ᛈᛈᛈ ᛁᛈᛈ ᛈᛐᚱᛁᚱ,
ᚼᛈᛐᚱᛈ ᚦᛇᚱ ᚱᛤ ᛈᛐᛈᛈ, ᛁᚱ ᛈᛤᛈᛈ;
ᛁᚱ-ᛈᛈ ᛤᛈᛐᚱ ᛈᛈᛤ ᛈᛐᛐᚱ
ᛈᛈ ᛈᛈᛐᛐ ᚻ ᛈᛐᛈᛈᛈ,
ᚻ ᛈᛈᛤ ᛁᛐᛐᚱ, ᛈᛈ ᛈᛈᛐᛈᛈᛈ ᛈᛈᛈᛈ.

134.

ᚱᛤᚿᚤᛈ ᚦᛇᚱ, ᛘᛈᛈᛤᛈᚻᛇᚱ,
ᚻ ᚦᚿ ᚱᛤᛈ ᚻᚤᛇᚱ, -
ᛣᛤᛈᛈ ᚤᚿᛣᛈᚿ, ᛈᛈ ᚦᚿ ᚻᚤᚱ,
ᚦᛇᚱ ᚤᚿᛣᚿ ᛈᛈᛈ, ᛈᛈ ᚦᚿ ᛈᛈᛇᚱ -:
ᛈᛈ ᚼᛇᚱᚿᚤ ᚦᚿᛐ
ᚼᛈᛈ ᚦᚿ ᛈᛈᚱᛈᛈ,
ᛈᛈᛈ ᛁᚱ ᛈᛤᛈᛈ, ᚦᛈᛈ ᛁᚱ ᛈᛤᚤᛐᚱ ᛈᛈᛤᛈᛈ;
ᛈᛈᛈ ᛁᚱ ᛈᛈᛇᚱᛒᚢᚤ ᛒᛁᛐᛈ
ᛈᛈᛐᛐᛣ ᛁᚱᛈ ᛈᛤᛈᛈ
ᚦᛈᛈᚤ ᛁᚱ ᚼᛈᛈᛈᚱ ᚤᛈᛈ ᚼᛈᚤ
ᛈᛈ ᛈᛈᛤᛐᛐᚱ ᚤᛈᛈ ᛈᛈᚱᛈᚤ
ᛈᛈ ᛈᛤᛈᛇᚱ ᚤᛈᛈ ᛈᛁᛐᚤᛇᛈᚿᚤ.

132.

Ráðumk þér, Loddfáfnir,
en þú ráð nemir, -
njóta mundu, ef þú nemr,
þér munu góð, ef þú getr -:
at háði né hlátri
hafðu aldregi
gest né ganganda.

They know but unsurely
who sit within
what manner of man is
come:
none is found so good, but
some fault attends him,
or so ill but he serves for
somewhat.

133.

Oft vitu ógörla,
þeir er sitja inni fyrir,
hvers þeir ro kyns, er koma;
er-at maðr svá góðr
at galli né fylgi,
né svá illr, at einugi dugi.

Hold never in scorn the
hoary singer; oft the counsel
of the old is good;
come words of wisdom from
the withered lips of him left
to hang among hides, to
rock with the rennets and
swing with the skins.

134.

Ráðumk þér, Loddfáfnir,
en þú ráð nemir, -
njóta mundu, ef þú nemr,
þér munu góð, ef þú getr -:
at hárum þul
hlæ þú aldregi,
oft er gótt, þat er gamlir kveða;
oft ór skörpum belg
skilin orð koma
þeim er hangir með hám
ok skollir með skrám
ok váfir með vílmögum.

I counsel thee, Stray-Singer,
accept my counsels,
they will be thy boon if thou
obey'st them,
they will work thy weal if
thou win'st them:
growl not at guests, nor
drive them from the gate
but show thyself gentle to
the poor.

135.

ᚱᛅᛑᚢᛘᚲ ᚦᛁᚱ, ᛚᚭᛑᚠᛅᚠᚾᛁᚱ,
ᛁᛏ ᚦᚢ ᚱᛅᛑ ᚾᛁᛘᛁᚱ, -
ᚾᛁᚭᛏᛅ ᛉᚢᚾᛑᚢ, ᛁᚠ ᚦᚢ ᚾᛁᛘᚱ,
ᚦᛁᚱ ᛉᚢᚾᚢ ᚷᚭᛑ, ᛁᚠ ᚦᚢ ᚷᛁᛏᚱ -:
ᚷᛁᛋᛏ ᚦᚢ ᚾᛁ ᚷᛁᚤᛅ
ᚾ ᛁ ᚷᚱᛁᚾᛑ ᚼᚱᛁᚲᛁᚱ;
ᚷᛁᛏ ᚦᚢ ᚡᛅᛚᚢᛑᚢᛘ ᚡᛁᛚ.

136.

ᚱᛅᛉᛉᛏ ᛁᚱ ᚦᛅᛏ ᛏᚱᛁ,
ᛁᚱ ᚱᛁᛑᛅ ᛋᚲᛅᛚ
ᚯᛚᛚᚢᛉ ᛅᛏ ᚢᛒᛒᛚᚭᚲᛁ;
ᛒᛅᚢᚷ ᚦᚢ ᚷᛁᚠ,
ᛁᛑᛅ ᚦᛅᛏ ᛒᛁᛑᛋᛅ ᛉᚢᚾ
ᚦᛁᚱ ᛚᛋᛋ ᚼᚡᛅᚱᛋ ᛁ ᛚᛁᛑᚢ.

135.

Ráðumk þér, Loddfáfnir,
en þú ráð nemir, -
njóta mundu, ef þú nemr,
þér munu góð, ef þú getr -:
gest þú né geyja
né á grind hrekir;
get þú váluðum vel.

I counsel thee, Stray-Singer,
accept my counsels,
they will be thy boon if
thou obey'st them,
Shower thy wealth, or men
shall wish thee
every ill in thy limbs.

136.

Rammt er þat tré,
er ríða skal
öllum at upploki;
baug þú gef,
eða þat biðja mun
þér læs hvers á liðu.

Strong is the beam that
raised must be to give an
entrance to all;
Give it a ring, or grim will
be the wish it would work
on thee.

137.

ᚱᛆᛑᚢᛘᚴ ᚦᛂᚱ, ᛚᚮᛑᛑᚠᛆᚠᚿᛁᚱ,
ᛂᚿ ᚦᚢ ᚱᛆᛑ ᚿᛂᛘᛁᚱ, -
ᚿᛃᚮᛐᛆ ᛘᚢᚿᛑᚢ, ᛂᚠ ᚦᚢ ᚿᛂᛘᚱ,
ᚦᛂᚱ ᛘᚢᚿᚢ ᚵᚮᛑ, ᛂᚠ ᚦᚢ ᚵᛂᛐᚱ -:
ᚼᚠᛆᚱᛋ ᚦᚢ ᚯᛚ ᛑᚱᛂᚴᚴᛁᚱ,
ᚴᛃᚮᛋ ᚦᛂᚱ ᛃᛆᚱᛑᛆᚱ ᛘᛂᚵᛁᚿ,
ᚦᚠᛁ ᛆᛐ ᛃᚯᚱᛑ ᛐᛂᚴᚱ ᚠᛁᛑ ᚯᛚᛑᚱᛁ,
ᛂᚿ ᛂᛚᛑᚱ ᚠᛁᛑ ᛋᚮᛐᛐᚢᛘ,
ᛂᛁᚴ ᚠᛁᛑ ᛆᛒᛒᛂᚿᛑᛁ,
ᛆᛪ ᚠᛁᛑ ᚠᛃᚯᛚᚴᛦᚿᚿᚵᛁ,
ᚼᚯᛚᛚ ᚠᛁᛑ ᚼᛦᚱᚮᚵᛁ,
- ᚼᛂᛁᛔᛐᚢᛘ ᛋᚴᛆᛚ ᛘᛆᚿᛆ ᚴᚠᛂᛑᛃᛆ, -
ᛒᛂᛁᛐᛁ ᚠᛁᛑ ᛒᛁᛐᛋᚮᛐᛐᚢᛘ,
ᛂᚿ ᚠᛁᛑ ᛒᚯᛚᚠᛁ ᚱᚢᚿᛆᚱ,
ᚠᚮᛚᛑ ᛋᚴᛆᛚ ᚠᛁᛑ ᚠᛚᚮᛑᛁ ᛐᛆᚴᛆ.

Odin's Quest after the Runes (138-145)

138.

ᚠᛂᛁᛐ ᛂᚴ, ᛆᛐ ᛂᚴ ᚼᛂᚴᚴ
ᚠᛁᚿᛑᚵᛆ ᛘᛂᛁᛑᛁ ᛆ
ᚿᛅᛐᚱ ᛆᛚᛚᛆᚱ ᚿᛁᚢ,
ᚵᛂᛁᚱᛁ ᚢᚿᛑᛆᛑᚱ
ᚮᚴ ᚵᛂᚠᛁᚿᚿ ᚮᛑᚿᛁ,
ᛋᛃᛆᛚᚠᚱ ᛋᛃᛆᛚᚠᚢᛘ ᛘᛂᚱ,
ᛆ ᚦᛂᛁᛘ ᛘᛂᛁᛑᛁ,
ᛂᚱ ᛘᛆᚿᚿᚵᛁ ᚠᛂᛁᛐ
ᚼᚠᛂᚱᛋ ᛆᚠ ᚱᚮᛐᚢᛘ ᚱᛂᚿᚿ.

137.

Ráðumk þér, Loddfáfnir,
en þú ráð nemir, -
njóta mundu, ef þú nemr,
þér munu góð, ef þú getr -:
hvars þú öl drekkir,
kjós þér jarðar megin,
því at jörð tekr við ölðri,
en eldr við sóttum,
eik við abbindi,
ax við fjölkynngi,
höll við hýrógi,
- heiftum skal mána kveðja, -
beiti við bitsóttum,
en við bölvi rúnar,
fold skal við flóði taka.

I counsel thee, Stray-
Singer, accept my counsels,
they will be thy boon if
thou obey'st them:
when ale thou quaffest, call
upon earth's might --
'tis earth drinks in the
floods.
Earth prevails o'er drink,
but fire o'er sickness,
the oak o'er binding, the
earcorn o'er witchcraft,
the rye spur o'er rupture,
the moon o'er rages,
herb o'er cattle plagues,
runes o'er harm.

138.

Veit ek, at ek hekk
vindga meiði á
nætr allar níu,
geiri undaðr
ok gefinn Óðni,
sjalfr sjalfum mér,
á þeim meiði,
er manngi veit
hvers af rótum renn.

I trow I hung on that windy
Tree
nine whole days and nights,
stabbed with a spear, offered
to Odin,
myself to mine own self
given,
high on that Tree of which
none hath heard
from what roots it rises to
heaven.

139.

ᚹᛁᚨ ᚼᚾᛁᚹᛁ ᚤᛁᚹ ᛋᛏᛗᛐ
ᛖ ᚹᛁᚨ ᚼᛅᚱᚼᚹᛁ;
ᚻᛌᛋᚨ ᛁᚹ ᚻᛅᚱ,
ᚼᚤ ᛁᚹ ᛐᛒᛒ ᚱᛐᚻᚱ,
ᛐᛒᛁᚼᛁ ᚼᚤ,
ᚹᛁᛚ ᛁᚹ ᛐᚹᛗᚱ ᛞᛁᚼᛁ.

140.

ᚹᛁᚤᛒᛐᛚᛋᛅᛐ ᚻᛐ
ᚼᚤ ᛁᚹ ᛁᚹ ᛁᚻᛐᚤ ᚹᚱᛐᚹᛌᛅ ᛋᛐᚻ
ᛒᛐᛞᛅᚱᛌᛌ, ᛒᛌᛐᛚ ᚹᛐᛐᚱ,
ᛐᚹ ᛁᚹ ᛐᚱᛌᚹᚹ ᛐᚹ ᚹᛅᛐ
ᛁᛌᛋ ᛐᛅᚱᛐ ᚤᛌᛐᚻᚱ,
ᛐᛐᛋᛁᚻ ᛐᛅᚱᛅᚱᛁ.

141.

ᛞᛁ ᚼᚤ ᛁᚹ ᚹᚱᛐᚹᛌᛌᚹ
ᛐᚹ ᚹᚱᛐᛁᚱ ᚹᛅᚱᛌ
ᛐᚹ ᚹᛐᛐᛌ ᛐᚹ ᚹᛁᛚ ᚼᛁᚹᛌᛋᚹ,
ᛐᚱᛅ ᚤᛁᚱ ᛐᚹ ᛐᚱᛅᛁ
ᛐᚱᛌᛋ ᛐᛁᛐᛌᛅᛁ,
ᚹᛅᚱᚹ ᚤᛁᚱ ᛐᚹ ᚹᛅᚱᚹᛁ
ᚹᛅᚱᚹᛌ ᛐᛁᛐᛅᛁ.

139.

Við hleifi mik sældu
né við hornigi;
nýsta ek niðr,
nam ek upp rúnar,
æpandi nam,
fell ek aftr þaðan.

None refreshed me ever
with food or drink,
I peered right down in the
deep;
crying aloud I lifted the
Runes
then back I fell from thence.

140.

Fimbulljóð níu
nam ek af inum frægja syni
Bölþorns, Bestlu föður,
ok ek drykk of gat
ins dýra mjaðar,
ausinn Óðreri.

Nine mighty songs I learned
from the great
son of Bale-thorn, Bestla's
sire;
I drank a measure of the
wondrous Mead,
with the Soulstirrer's drops I
was showered.

141.

Þá nam ek frævask
ok fróðr vera
ok vaxa ok vel hafask,
orð mér af orði
orðs leitaði,
verk mér af verki
verks leitaði.

Ere long I bare fruit, and
throve full well,
I grew and waxed in
wisdom;
word following word, I
found me words,
deed following deed, I
wrought deeds.

142.

ᚱᚢᚼᚱ ᛘᚢᛁᛁ ᚦᚢ ᛈᛁᚻᚼ
ᚼᛈ ᚱᛏᚼᚻ ᛋᛏᛈᛁ,
ᛘᛠᚦᛈ ᛋᛏᛏᚱᛏ ᛋᛏᛈᛁ,
ᛘᛠᚦᛈ ᛋᛏᛁᚻᚼ ᛋᛏᛈᛁ,
ᛁᚱ ᛈᛏᚼᛁ ᛈᛁᛘᛒᚢᛌᚦᚢᛌᚱ
ᚼᛈ ᛈᛁᚱᛏᚢ ᛈᛁᚻᚻᚱᛁᛈᛁᚻ
ᚼᛈ ᚱᛁᛋᛁ ᚼᚱᛏᛈᛁᚱ ᚱᛠᛈᚻ.

143.

ᚼᛁᛁᚻ ᛘᛁᛁ ᛏᛋᚢᛘ,
ᛁᛁ ᛈᛏᚱ ᛏ᚟ᛈᚢᛘ ᛁᛁᛁᚻ,
ᛁᛈᛋᛌᛁᚻ ᚼᛈ ᛁᛈᛏᚱᛈᚢᛘ ᛈᛏᚱᛁᚱ,
ᛏᛋᛈᛁᚼᚱ ᛠᛁᚻᚢᛘ ᛈᛏᚱᛁᚱ,
ᚼᛈ ᚱᛁᛋᛁ ᛋᛠᛌᚱᛈᚱ ᛋᚢᛘᚼᚱ.

144.

ᛈᚼᛁᛋᛁᚢ, ᚼᛈᛏ ᚱᛁᛋᛏᚼ ᛋᛈᛏᛌ?
ᛈᚼᛁᛋᛁᚢ, ᚼᛈᛏ ᚱᛏᚼ ᛋᛈᛏᛌ?
ᛈᚼᛁᛋᛁᚢ, ᚼᛈᛏ ᛈᛏᛁ ᛋᛈᛏᛌ?
ᛈᚼᛁᛋᛁᚢ, ᚼᛈᛏ ᛈᚱᚼᛁᛋᛏᚼ ᛋᛈᛏᛌ?
ᛈᚼᛁᛋᛁᚢ, ᚼᛈᛏ ᛒᛁᚼᛒᛁ ᛋᛈᛏᛌ?
ᛈᚼᛁᛋᛁᚢ, ᚼᛈᛏ ᛒᚱᛁᛁᚼ ᛋᛈᛏᛌ?
ᛈᚼᛁᛋᛁᚢ, ᚼᛈᛏ ᛋᛁᛁᚻ ᛋᛈᛏᛌ?
ᛈᚼᛁᛋᛁᚢ, ᚼᛈᛏ ᛋᛏᛁ ᛋᛈᛏᛌ?

142.

Rúnar munt þú finna
ok ráðna stafi,
mjök stóra stafi,
mjök stinna stafi,
er fáði fimbulþulr
ok gerðu ginnregin
ok reist hroftr rögna.

Hidden Runes shalt thou
seek and interpreted signs,
many symbols of might and
power, by the great Singer
painted, by the high Powers
fashioned, graved by the
Utterer of gods.

143.

Óðinn með ásum,
en fyr alfum Dáinn,
Dvalinn ok dvergum fyrir,
Ásviðr jötnum fyrir,
ek reist sjalfr sumar.

For gods graved Odin, for
elves graved Daïn,
Dvalin the Dallier for
dwarfs,
All-wise for Jötuns, and I, of
myself,
graved some for the sons of
men.

144.

Veistu, hvé rísta skal?
Veistu, hvé ráða skal?
Veistu, hvé fáa skal?
Veistu, hvé freista skal?
Veistu, hvé biðja skal?
Veistu, hvé blóta skal?
Veistu, hvé senda skal?
Veistu, hvé sóa skal?

Dost know how to write,
dost know how to read,
dost know how to paint,
dost know how to prove,
dost know how to ask, dost
know how to offer,
dost know how to send, dost
know how to spend?

145.

ᛒᛖᛏᚱᛋ ᛁᚱ ᛁᛒᛁᚼᛁᛏ
ᚼᚾ ᛋᛁ ᛁᛈᚡᛒᚱᛁᛏᛁᛏ,
ᛏᚫ ᛋᛁᚱ ᛏᛁᚱ ᛈᛁᛗᛁᛋ ᛈᛋᚦᛈ;
ᛒᛖᛏᚱᛋ ᛁᚱ ᛁᚼᛋᛁᛏ
ᚼᚾ ᛋᛁ ᛁᛈᛋᚼᛁᛏ.
ᛋᛈᛋ ᚦᚾᚼᛁᚱ ᛁᛈ ᚱᚼᛁᛋᛏ
ᛈᚫᚱ ᚦᛋᛁᚼ ᚱᚦᛈ,
ᚦᛁᚱ ᚻᛁᚼ ᚢᛒᛒ ᛁᛈ ᚱᚼᛁᛋ,
ᛁᚱ ᚻᛁᚼ ᛁᛈᛏᚱ ᛁᛈ ᛈᛁᛉ.

The Song of Spells (146-164)
146.

ᛚᛋᛁᛏ ᛁᛈ ᚦᚾᚦ ᛈᛁᚼ,
ᛁᚱ ᛈᛁᚼᚾᛏᛏ ᚦᛋᛁᚼᛁᛋ ᛈᛁᚻ
ᛁᛈ ᛉᛁᚼᛋᛋᛁᛋ ᛉᚦᛈᚱ.
ᚻᛋᛚᛒ ᚻᛁᛏᛁᚱ ᚼᛏᛏ,
ᚼ ᚦᛁᛏ ᚦᛁᚱ ᚻᛋᛚᛒᚼ ᛉᚾᚼ
ᛈᛁᛏ ᛋᚦᛈᚾᛉ ᛁᛈ ᛋᚫᚱᛈᚾᛉ
ᛁᛈ ᛋᛗᚾᛉ ᛈᚦᚱᛈᚦᛏᛏᚾᛉ.

147.

ᚦᛁᛏ ᛈᛁᚼ ᛁᛈ ᛁᚼᛁᛏ,
ᛁᚱ ᚦᚾᚱᛈᚾ ᚫᛏᚼ ᛋᚫᚻᛁᚱ,
ᚦᚼᛁᚱ ᛁᚱ ᛈᛁᛚᛋᛁ ᛚᛁᛈᚼᚱ ᚾᛁᛈᛋ.

Betra er óbeðit
en sé ofblótit,
ey sér til gildis gjöf;
betra er ósent
en sé ofsóit.
Svá Þundr of reist
fyr þjóða rök,
þar hann upp of reis,
er hann aftr of kom.

145.

Better ask for too little than
offer too much,
like the gift should be the
boon;
better not to send than to
overspend.
Thus Odin graved ere the
world began;
Then he rose from the deep,
and came again.

146.

Ljóð ek þau kann,
er kann-at þjóðans kona
ok mannskis mögr.
Hjalp heitir eitt,
en þat þér hjalpa mun
við sökum ok sorgum
ok sútum görvöllum.

Those songs I know, which
nor sons of men
nor queen in a king's court
knows;
the first is Help which will
bring thee help
in all woes and in sorrow
and strife.

147.

Þat kann ek annat,
er þurfu ýta synir,
þeir er vilja læknar lifa.

A second I know, which the
son of men
must sing, who would heal
the sick.

148.

149.

150.

148.

Það kann ek þriðja:
ef mér verðr þörf mikil
hafts við mína heiftmögu,
eggjar ek deyfi
minna andskota,
bíta-t þeim vápn né velir.

A third I know: if sore need
should come
of a spell to stay my foes;
when I sing that song,
which shall blunt their
swords,
nor their weapons nor staves
can wound.

149.

Þat kann ek it fjórða:
ef mér fyrðar bera
bönd að boglimum,
svá ek gel,
at ek ganga má,
sprettr mér af fótum fjöturr,
en af höndum haft.

A fourth I know: if men
make fast
in chains the joints of my
limbs,
when I sing that song which
shall set me free,
spring the fetters from hands
and feet.

150.

Þat kann ek it fimmta:
ef ek sé af fári skotinn
flein í folki vaða,
fýgr-a hann svá stinnt,
at ek stöðvig-a-k,
ef ek hann sjónum of sék.

A fifth I know: when I see,
by foes shot,
speeding a shaft through the
host,
flies it never so strongly I
still can stay it,
if I get but a glimpse of its
flight.

151.

152.

153.

151.

Þat kann ek it sétta:
ef mik særir þegn
á vrótum hrás viðar,
ok þann hal
er mik heifta kveðr,
þann eta mein heldr en mik.

A sixth I know: when some
thane would harm me
in runes on a moist tree's
root,
on his head alone shall light
the ills
of the curse that he called
upon mine.

152.

Þat kann ek it sjaunda:
ef ek sé hávan loga
sal of sessmögum,
brennr-at svá breitt,
at ek hánum bjargig-a-k;
þann kann ek galdr at gala.

A seventh I know: if I see a
hall high o'er the bench-
mates blazing,
flame it ne'er so fiercely I
still can save it, --
I know how to sing that
song.

153.

Þat kann ek it átta,
er öllum er
nytsamligt at nema:
hvars hatr vex
með hildings sonum
þat má ek bæta brátt.

An eighth I know: which all
can sing
for their weal if they learn it
well;
where hate shall wax 'mid
the warrior sons,
I can calm it soon with that
song.

154.

ᚦᛆᛏ ᚴᛆᚿᚿ ᛂᚴ ᛁᛏ ᚺᚢᚿᛑᛆ:
ᛂᚠ ᛘᛁᚴ ᚺᚢᚿᛑᚱ ᚮᚠ ᛋᛏᛂᚿᛑᚱ
ᛆᛏ ᛒᛁᛆᚱᚵᛆ ᚠᛆᚱᛁ ᛘᛁᚿᚢ ᛆ ᚠᛚᚮᛏᛁ,
ᚡᛁᚿᛑ ᛂᚴ ᚴᛦᚱᚱᛁ
ᚡᛆᚵᛁ ᛆ
ᚮᚴ ᛋᚡᛅᚡᛁᚴ ᛆᛚᛚᛆᚿ ᛋᛅ.

155.

ᚦᛆᛏ ᚴᛆᚿᚿ ᛂᚴ ᛁᛏ ᛏᛁᚢᚿᛑᛆ:
ᛂᚠ ᛂᚴ ᛋᛂ ᛏᚢᚿᚱᛁᛑᚢᚱ
ᛚᛂᛁᚴᛆ ᛚᚮᚠᛏᛁ ᛆ,
ᛂᚴ ᛋᚡᛆ ᚡᛁᚿᚿᚴ,
ᛆᛏ ᚦᛅᚱ ᚡᛁᛚᛚᛆᚱ ᚠᛆᚱᛆ
ᛋᛁᚿᚿᛆ ᚼᛂᛁᛘᚼᛆᛘᛆ,
ᛋᛁᚿᚿᛆ ᚼᛂᛁᛘᚼᚢᚵᛆ.

156.

ᚦᛆᛏ ᚴᛆᚿᚿ ᛂᚴ ᛁᛏ ᛂᛚᛚᛁᚠᛏᛆ:
ᛂᚠ ᛂᚴ ᛋᚴᛆᛚ ᛏᛁᛚ ᚮᚱᚱᚮᛋᛏᚢ
ᛚᛂᛁᛑᛆ ᛚᛆᚿᚵᚡᛁᚿ,
ᚢᚿᛑ ᚱᛆᚿᛑᛁᚱ ᛂᚴ ᚵᛂᛚ,
ᛂᚿ ᚦᛂᛁᚱ ᛘᛂᛑ ᚱᛁᚴᛁ ᚠᛆᚱᛆ
ᚼᛂᛁᛚᛁᚱ ᚼᛁᛚᛑᛆᚱ ᛏᛁᛚ,
ᚼᛂᛁᛚᛁᚱ ᚼᛁᛚᛑᛁ ᚠᚱᛆ,
ᚴᚮᛘᛆ ᚦᛂᛁᚱ ᚼᛂᛁᛚᛁᚱ ᚼᚡᛆᛑᛆᚿ.

154.

Þat kann ek it níunda:
ef mik nauðr of stendr
at bjarga fari mínu á floti,
vind ek kyrri
vági á
ok svæfik allan sæ.

A ninth I know: when need
befalls me to save my vessel
afloat, I hush the wind on
the stormy wave,
and soothe all the sea to
rest.

155.

Þat kann ek it tíunda:
ef ek sé túnriður
leika lofti á,
ek svá vinnk,
at þær villar fara
sinna heimhama,
sinna heimhuga.

A tenth I know: when at
night the witches
ride and sport in the air,
such spells I weave that they
wander home
out of skins and wits
bewildered.

156.

Þat kann ek it ellifta:
ef ek skal til orrostu
leiða langvini,
und randir ek gel,
en þeir með ríki fara
heilir hildar til,
heilir hildi frá,
koma þeir heilir hvaðan.

An eleventh I know: if haply
I lead my old comrades out
to war,
I sing 'neath the shields, and
they fare forth mightily
safe into battle,
safe out of battle,
and safe return from the
strife.

157.

ᚦᛁᛏ ᛘᛏᛁᛁ ᛁᛩ ᛁᛁ ᛁᛞᛁᚱᛩᛁᛁ:
ᛁᛩ ᛁᛩ ᛝᛁ ᛬ ᛁᚱᛁ ᚢᛒᛒᛁ
ᛩᛏᛩᛝ ᛩᛁᚱᛩᛁᛚᛁᛁ,
ᛝᛩᛝ ᛁᛩ ᚱᛁᛝᛁ
ᛁᛩ ᛁ ᚱᚢᛁᚾᛋ ᛩᛁᛩ,
ᛁᛁ ᛝᛁ ᛩᛁᛁᛩᚱ ᛩᚢᛋᛁ
ᛁᛩ ᛋᛏᛁᛁᚱ ᛩᛁᛁ ᛋᛁᛩ.

158.

ᚦᛁᛁ ᛘᛁᛁᛁ ᛁᛩ ᛁᛁ ᚦᚱᛁᛁᛁᛁᛁᛁᛁ:
ᛁᛩ ᛁᛩ ᛝᛩᛁᛚ ᚦᛁᛩᛁ ᚢᛁᛩᛁᛁ
ᛩᛁᚱᛒᛁ ᛩᛝᛁᛁ ᛬,
ᛋᚢᛁᛐᛁᛁ ᛉᛁᛁᛁ ᛩᛁᛚᛁᛁ,
ᚦᛁᛁᛁ ᛉᛁᛁᛁ ᛁ ᛩᛁᛚᛩ ᛩᛁᛋᛁ,
ᛉᛁᛩᚱᛑᛁ ᛝᛁ ᛉᛁᛚᚱ ᛩᛐᚱ ᛉᛣᛁᚱᚢᛋ.

159.

ᚦᛁᛁ ᛘᛁᛁᛁ ᛁᛩ ᛁᛁ ᛩᛣᛁᛩᚢᚱᛁᛁᛁᛁ:
ᛁᛩ ᛁᛩ ᛝᛩᛁᛚ ᛩᛐᚱᛁᛁ ᛚᛁᛁ
ᛁᛁᛐᛣ ᛁᛁᛩᛁ ᛩᛐᚱᛁᚱ,
ᛁᛝᛁ ᛁᛩ ᛁᛐᛩᛁ
ᛁᛩ ᛘᛁᛁᛁ ᛁᛚᛚᚱᛁ ᛝᛩᛐ;
ᛩᛩᚱ ᛘᛁᛁᛁ ᛁᛝᛁᛩᛁᚱ ᛝᛩᛁ.

157.

Þat kann ek it tolfta:
ef ek sé á tré uppi
váfa virgilná,
svá ek ríst
ok í rúnum fák,
at sá gengr gumi
ok mælir við mik.

A twelfth I know: if I see in
a tree a corpse from a halter
hanging,
such spells I write, and paint
in runes,
that the being descends and
speaks.

158.

Þat kann ek it þrettánda:
ef ek skal þegn ungan
verpa vatni á,
mun-at hann falla,
þótt hann í folk komi,
hnígr-a sá halr fyr hjörum.

A thirteenth I know: if the
new-born son of a warrior I
sprinkle with water,
that youth will not fail when
he fares to war,
never slain shall he bow
before sword.

159.

Þat kann ek it fjögurtánda:
ef ek skal fyrða liði
telja tíva fyrir,
ása ok alfa
ek kann allra skil;
fár kann ósnotr svá.

A fourteenth I know: if I
needs must number the
Powers to the people of
men,
I know all the nature of gods
and of elves which none can
know untaught.

160.

ᚦᛁᛘ ᛒᛁᚾᚾ ᛏᚢ ᛁᛁ ᛒᛁᛈᛈᚾᛁᚾᛘ
ᛁᚱ ᛒᛁᛏ ᚦᚢᛁᛏᚱᛁᚱᛁᚱ
ᛁᛈᛁᚱᛒᚱ ᛒᛚᚱ ᚻᛁᛏᛁᛒᛈ ᛁᛁᛘᚾᛈ:
ᛁᛒᛏ ᛒᛁᛏ ᚼᛁᚾᚾ ᛏᛈᛈᛈᛈ,
ᚻ ᛁᛏᛈᛈᛈ ᛒᚱᛁᛈᛁ,
ᚼᛁᛒᛈᛈᛈ ᚼᚱᛁᛈᛈᛁᛁᚼ.

161.

ᚦᛁᛘ ᛒᛁᚾᚾ ᛏᚢ ᛁᛁ ᛈᚾᚼᛁᚾᛁᛘ:
ᛁᛈ ᛁᛈ ᛒᛁᛏ ᛁᛁᛈ ᛈᛈᛁᛁᚾ ᛈᛁᛁᛈ
ᚼᛁᛈᛈ ᛒᛈᛁ ᛁᛁᛘ ᛁᛈ ᛒᛁᛈᛁᛁ,
ᚼᚾᛈᛁ ᛁᛈ ᚼᛈᛁᚱᛈᛁ
ᚼᛈᛁᛁᚼᚱᛈᚱᛁ ᛒᛁᛈᚾ,
ᛁᛈ ᛈᛏᛚ ᛁᛈ ᚼᛁᛁᛁᚱ ᚼᛏᛏᚾᛈ ᛈᛁᛒᛁ.

162.

ᚦᛁᛘ ᛒᛁᚾᚾ ᛏᚢ ᛁᛁ ᛈᛈᛁᛚᛈᛁᛁᛘ
ᛁᛁ ᛈᛁᛈ ᛈᚾᛁ ᛈᛁᛁᛁ ᛒᛁᚱᚱᛁᛈᛈ
ᛁᛁ ᛈᛁᛁᚾᛁᛈᛈ ᛈᛁᛁ.
ᛚᛈᛁᚼ ᚦᛁᛈᛈᛁ
ᛈᚾᛁ ᚦᚾ, ᛚᛁᛁᛈᛁᛈᚼᛁᚱ,
ᚾᛁᛈᛁ ᛒᛁᛁᚱ ᛒᛁᚱᛁ;
ᚦᛁ ᛈᛁ ᚦᛁᚱ ᛒᛁᛏ, ᛁᛈ ᚦᚾ ᛒᛁᛁᚱ,
ᛁᛚᛁ ᛁᛈ ᚦᚾ ᚼᛈᛈᚱ,
ᚦᛁᚱᛈ ᛁᛈ ᚦᚾ ᚦᛁᛈᛈᚱ.

160.

Þat kann ek it fimmtánda
er gól Þjóðrerir
dvergr fyr Dellings durum:
afl gól hann ásum,
en alfum frama,
hyggju Hroftatý.

A fifteenth I know, which
Folk-stirrer sang,
the dwarf, at the gates of
Dawn; he sang strength to
the gods, and skill to the
elves, and wisdom to Odin
who utters.

161.

Þat kann ek it sextánda:
ef ek vil ins svinna mans
hafa geð allt ok gaman,
hugi ek hverfi
hvítarmri konu,
ok sný ek hennar öllum sefa.

A sixteenth I know: when all
sweetness and love
I would win from some
artful wench,
her heart I turn, and the
whole mind change
of that fair-armed lady I
love.

162.

Þat kann ek it sjautjánda
at mik mun seint firrask
it manunga man.
Ljóða þessa
mun þú, Loddfáfnir,
lengi vanr vera;
þó sé þér góð, ef þú getr,
nýt ef þú nemr,
þörf ef þú þiggr.

A seventeenth I know: so
that e'en the shy maiden
is slow to shun my love.
These songs, Stray-Singer,
which man's son knows not,
long shalt thou lack in life,
though thy weal if thou
win'st them, thy boon if
thou obey'st them
thy good if haply thou
gain'st them.

163.

ᚿᛁ ᛈᛅᚼᚼ ᛁᛒ ᛁᚿ ᚿᛁᛟᛁᚼᚼ,
ᛁᛦ ᛁᛒ ᚿᛈᛁ ᛈᛁᚼᚼᛁᛈ
ᚢᛁᛌ ᚼ ᚤᛁᚼᚼᛌ ᛈᛅᛁᚿ,
- ᚿᚾ ᛁᛦ ᛒᚿᛦᛁ,
ᛁᛦ ᚿᛁᚼ ᛁᛒ ᛈᛅᚼᚼ;
ᚦᚿ ᛈᛅᚾᛈᛁᛦ ᚾᛟᛅᚼ ᚾᛈᚾᛏ, -
ᚼᚤᛅ ᚦᚼᛁᛦᚿ ᚿᛁᚼᚼ,
ᛁᛦ ᚤᛁᛈ ᛅᛦᚤᛁ ᛈᛅᛦᛦ,
ᛁᚼ ᚤᛁᚼ ᛌᛏᛌᚿᛁᛦ ᛌᛁ.

164.

ᛈᚾ ᛁᛦᚾ ᚼᛁᛈᛅ ᚤᛁᚾ
ᛈᛈᛅᛅᚼ ᚼᛁᛈᛅ ᚼᛅᚿᚿ ᛁ,
ᛅᚿᚿᚦᛅᛦᛈ ᛅᚿᚼ ᛌᛅᚿᛏᛏ,
ᛅᚦᛅᛦᛈ ᛟᛅᚿᚼ ᛌᛅᚿᛏᛏ;
ᚼᛁᚾ ᛌᛅ, ᛁᛦ ᛈᛈᛅᛅ,
ᚼᛁᚾ ᛌᛅ, ᛁᛦ ᛈᛅᚼᚼ,
ᛁᛟᛅᚿ ᛌᛅ, ᛁᛦ ᚼᛏ,
ᚼᚾᚾᛦ, ᚦᚼᛁᛦᛌ ᚼᛦᛅᚼᚿ.

Þat kann ek it átjánda,
er ek æva kennik
mey né manns konu,
- allt er betra,
er einn of kann;
þat fylgir ljóða lokum, -
nema þeiri einni,
er mik armi verr,
eða mín systir sé.

163.

An eighteenth I know:
which I ne'er shall tell
to maiden or wife of man
save alone to my sister, or
haply to her
who folds me fast in her
arms;
most safe are secrets known
to but one-
the songs are sung to an
end.

164.

Nú eru Háva mál
kveðin Háva höllu í,
allþörf ýta sonum,
óþörf jötna sonum;
heill sá, er kvað,
heill sá, er kann,
njóti sá, er nam,
heilir, þeirs hlýddu.

Now the sayings of the High
One are uttered in the hall
for the weal of men, for the
woe of Jötuns,
Hail, thou who hast spoken!
Hail, thou that knowest!
Hail, ye that have
hearkened! Use, thou who
hast learned!

Also available from JiaHu Books:

Brand -Henrik Ibsen
Et Dukkhjem – Henrik Ibsen
(Norwegian/English Bilingual text also available)
Peer Gynt – Henrik Ibsen
Hærmændene på Helgeland – Henrik Ibsen
Fru Inger til Østråt -Henrik Ibsen
Gengangere – Henrik Ibsen
Catilina – Henrik Ibsen
De unges Forbund – Henrik Ibsen
Gildet på Solhaug - Henrik Ibsen
Kærligdehens Komedie - Henrik Ibsen
Kongs-Emnerne – Henrik Ibsen
Synnøve Solbakken - Bjørnstjerne Bjørnson
Det går an by Carl Jonas Love Almqvist
Drottningens Juvelsmycke by Carl Jonas Love Almqvist
Röda rummet – August Strindberg
Fröken Julie/Fadren/Ett dromspel by August Strindberg
Nils Holgerssons underbara resa genom Sverige - Selma
Lagerlöf
The Little Mermaid and Other Stories (Danish/English Texts) -
Hans-Christian Andersen
Egils Saga (Old Norse and Icelandic)
Brennu-Njáls saga (Icelandic)
Laxdæla Saga (Icelandic)
Die vlakte en andere gedigte (Afrikaans) - Jan F.E. Celliers

CPSIA information can be obtained at www.ICGtesting.com
Printed in the USA
LVOW07s2000300715

448259LV00023B/542/P